와! 참깽깽매미다

새벽들 아저씨와 떠나는
밤 곤충 관찰 여행 2

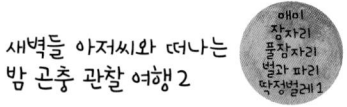

와! 참깽깽매미다

초판 1쇄 발행일 2019년 9월 4일

지은이 손윤한
펴낸이 이원중

펴낸곳 지성사
출판등록일 1993년 12월 9일 **등록번호** 제10-916호
주소 (03458) 서울시 은평구 진흥로 68 정안빌딩 2층 북측(녹번동 162-34)
전화 (02) 335-5494 **팩스** (02) 335-5496
홈페이지 www.jisungsa.co.kr **이메일** jisungsa@hanmail.net

ⓒ 손윤한, 2019

ISBN 978-89-7889-420-3 (74470)
ISBN 978-89-7889-401-2 (세트)

잘못된 책은 바꾸어드립니다. 책값은 뒤표지에 있습니다.

「이 도서의 국립중앙도서관 출판예정도서목록(CIP)은 서지정보유통지원시스템 홈페이지(http://seoji.nl.go.kr)와
자료공동목록시스템(http://www.nl.go.kr/kolisnet)에서 이용하실 수 있습니다. (CIP제어번호:CIP2019033017)」

⚠ 주의 사항: 책장에 손을 베이지 않게, 책 모서리에 다치지 않게 주의하세요.

새벽들 아저씨와 떠나는
밤 곤충 관찰 여행 2

매미
잠자리
풀잠자리
벌과 파리
딱정벌레 1

와!
참깽깽매미다

글과 사진 · 손윤한

지성사

일러두기

1. 여기에 실린 곤충은 대부분 밤에 만난 친구들이지만 필요한 부분을 설명하기 위해 낮에 만난 친구들도 함께 소개했어요.

2. 되도록 같은 종류끼리 묶어서 소개했어요. 예를 들면 매미는 매미끼리, 잠자리는 잠자리끼리, 딱정벌레는 딱정벌레끼리, 노린재는 노린재끼리 식으로요. 같이 알아두면 좋기도 하고 나중에 다시 찾아보기도 편할 거예요.

3. 밤 곤충을 관찰하려면 먼저 관찰 텐트나 등화 천을 설치하고 나서 밝은 등불을 비춰 곤충들을 불러들여야 해요. 등화 장치를 설치한 뒤 곤충이 모일 때까지 주변을 살펴보면서 밤 곤충을 관찰했지요. 사진에서 바탕이 하얀색이거나 그물망처럼 보이는 배경은 등화 장치에 모인 곤충이고, 자연을 배경으로 한 곤충들은 밤 숲을 이동하면서 관찰한 거예요.

4. 밤 숲에서 만나는 곤충을 맨손으로 함부로 만지면 안 돼요. 우리가 모르는 성분을 가진 나방이나 애벌레도 있거든요. 특히 쐐기나방 애벌레나 불나방, 독나방 애벌레는 조심해야 해요. 또 턱이 잘 발달한 육식성 곤충들이 물 수도 있어요. 물론 벌처럼 침으로 쏘는 곤충도 있지요. 그냥 눈으로만 관찰하는 게 좋지만 필요할 땐 꼭 채집통이나 관찰통에 넣고 보도록 해요.

5. 밤 곤충을 관찰하려면 몇 가지 준비가 필요해요.
   헤드랜턴, 손전등, 얇은 긴 옷과 바지, 발목까지 올라오는 신발, 비상약, 모자, 목에 두를 스카프나 손수건, 물과 간식, 관찰통 등.

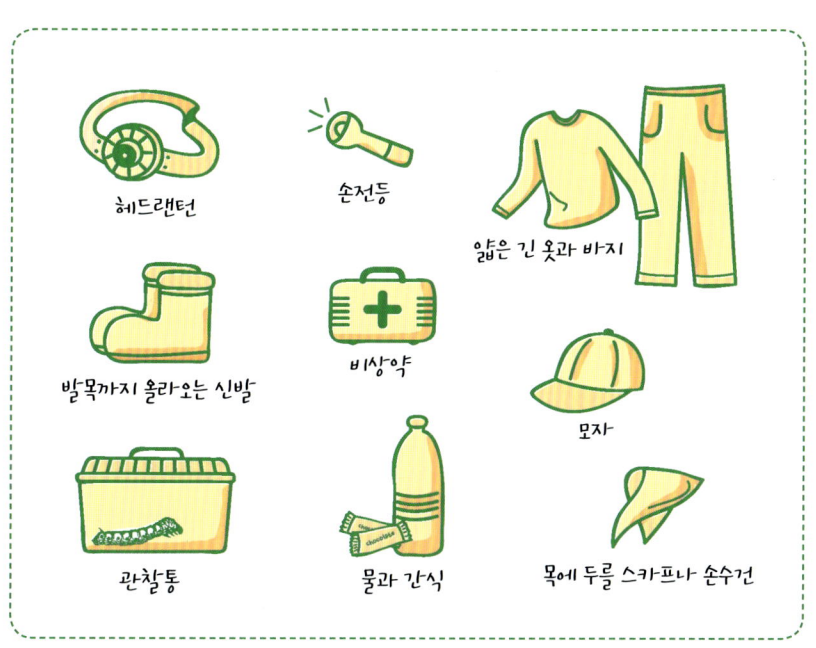

들어가는 글

명(明)!

제가 좋아하는 한자예요. 명(明) 자는 해[日]와 달[月]을 합쳐서 만든 글자지요. 해의 밝음과 달의 밝음을 동시에 보아야만 밝음[明]을 이해할 수 있다는 뜻이지요.

생태계를 보는 시각도 이와 비슷하다고 생각해요. 처음 자연에 관심을 가졌을 때는 주로 낮에 산이나 들로 다니면서 생물을 관찰했지요. 그러다가 어느 날 문득 호기심이 드는 거예요.

'푸른 하늘을 날아다니는 저 예쁜 잠자리들은 어렸을 땐 어떤 모습일까? 그리고 밤에는 어디서 뭘 할까?'

이런 호기심에서 비롯된 저의 생태 여행은 물속으로 그리고 밤으로 이어졌어요. 물속 생물 관찰 여행은 《와! 물맴이다》에서 소개했지요. 밤 곤충 관찰 여행은 밤에 만난 나방 이야기 《와! 박각시다》를 시작으로, 이제 《와! 참깽깽매미다》《와! 폭탄먼지벌레다》《와! 콩중이 팥중이다》로 마무리되었어요.

생태계를 명(明)의 눈으로 보고 싶어졌어요. 그렇게 시작된 관찰 여행…….

밤으로의 생물 관찰 여행은 새로운 세계였어요. 낮에 보지 못했던 많은 자연 친구들을 만날 수 있었지요. 화려한 나방들 그리고 더듬이가 긴 베짱이들과 멋진 딱정벌레들, 일일이 다 설명할 수 없을 정도로 많은 자연 친구들을 만나서 행복했어요. 그리고 낮에 봤던 친구들이 밤에는 전혀 다른 모습을 보여주어 더 신기했지요.

이렇게 몇 년 동안 밤 숲을 다니다 보니 제가 만난 친구들을 소개해 주고 싶다는 생각이 들었어요. 그래서 여기에 작은 결과물을, 부끄럽지만 조심스럽게 내놓아요.

제가 만난 멋지고 아름다운 밤 생태계가 조금이라도 전달되었으면 좋겠어요.

이름만큼이나 생김새가 멋진 참깽깽매미를 비롯한 많은 매미들, 밤 숲에서 휴식을 취하는 잠자리들 그리고 섬에서 만난 당당한 풀무치와 조롱박먼지벌레와 제 연구소 밤 마당에서 만난 벌 집안과 파리 집안의 많은 친구들의 모습은 감동 그 자체였어요. 장수풍뎅이와 사슴벌레, 멋쟁이딱정벌레, 먼지벌레, 버섯벌레, 방아벌레, 목대장 등 수많은 딱정벌레들과 강도래와 날도래, 대벌레, 집게벌레, 바퀴……. 다시 생각해 봐도 신나고 가슴 벅찬 시간들이었어요. 참, 밤 숲의 또 다른 주인인 베짱이, 쌕쌔기, 긴꼬리 같은 여치 집안과 메뚜기 집안의 많은 친구들과의 만남도 잊을 수 없어요. 다양한 사마귀와 노린재들과의 만남도 신나는 추억이었지요.

지난 몇 년 동안 밤 숲을 다니면서 분에 넘칠 정도로 많은 곤충들을 만난 것은 행운이었어요. 우리 주변에 이런 멋진 곤충들이 산다는 것은 정말 축복이라는 생각이 들어요. 이들과 지낸 지난 몇 년 동안의 소중한 기록을 소개할 수 있어서 기뻐요. 이 책을 읽는 여러분도 저처럼 밤 숲의 매력에 흠뻑 빠지는 계기가 되었으면 좋겠어요.

명(明)!
해와 달의 밝음을 같이 알아야 하듯이, 숲의 낮과 밤을 동시에 이해해서 생태계뿐만 아니라 삶에도 명(明)한 사람이 되었으면 좋겠어요.

다래울 작업실에서 새벽들 씀

등장인물

**새벽들 아저씨** 다래울이라는 작은 마을에 1인 생태연구소 〈흐름〉에서 곤충과 거미를 직접 키우기도 하고 아이들과 함께 산과 들로 생태 관찰을 하러 다니는 것이 여전히 신나고 재미있습니다. 게다가 우리 동네로 이사 온 영서, 영서 친구 진욱과 함께 7일 동안 다닌 거미와 그 뒤로 물속 생물 관찰 기록을 정리하여 책으로 《와! 거미다》, 《와! 물맴이다》를 펴냈지요. 밤의 숲 생태를 관찰하기 위해 캠핑장 통나무집에서 머물던 어느 날 밤, 영서와 진욱이가 불쑥 찾아왔네요. 어찌나 놀라고 반갑던지요.

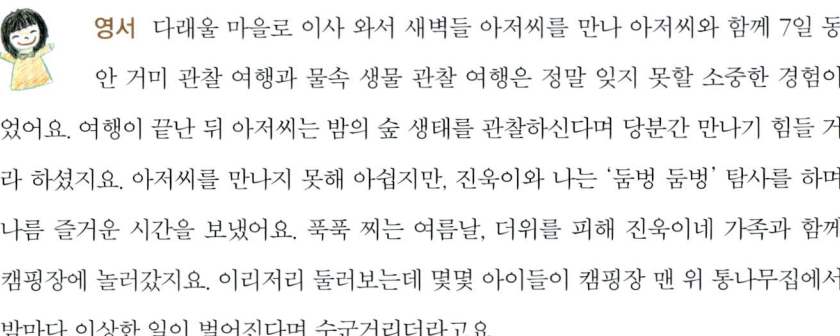**영서** 다래울 마을로 이사 와서 새벽들 아저씨를 만나 아저씨와 함께 7일 동안 거미 관찰 여행과 물속 생물 관찰 여행은 정말 잊지 못할 소중한 경험이었어요. 여행이 끝난 뒤 아저씨는 밤의 숲 생태를 관찰하신다며 당분간 만나기 힘들 거라 하셨지요. 아저씨를 만나지 못해 아쉽지만, 진욱이와 나는 '둠벙 둠벙' 탐사를 하며 나름 즐거운 시간을 보냈어요. 푹푹 찌는 여름날, 더위를 피해 진욱이네 가족과 함께 캠핑장에 놀러갔지요. 이리저리 둘러보는데 몇몇 아이들이 캠핑장 맨 위 통나무집에서 밤마다 이상한 일이 벌어진다며 수군거리더라고요.

진욱 영서와 같은 유치원에 다닌 단짝 친구예요. 다래울로 이사 간 영서 덕분에 재미있고 유쾌한 새벽들 아저씨를 만난 건 내겐 행운이었어요. 아저씨와 영서와 함께한 거미와 물속 생물 관찰 여행으로 자연 생태계의 생명에 대한 신비함과 소중함을 알게 되었어요. 새벽들 아저씨가 또 다른 연구 과제로 바쁘셔서 한동안 만나지 못해 아쉬웠어요. 영서네 가족과 캠핑장에 도착한 어느 날, 통나무집에서 밤만 되면 어떤 아저씨가 하얀 침대보 같은 걸 쳐 놓고 뭔가를 한다는 얘기에 귀가 솔깃해졌어요. 혹시?!

차례

—

일러두기 ··· 4

들어가는 글 ··· 6

등장인물 ··· 8

참깽깽매미를 만나다 🌱 10

매미 찾아 밤 숲으로 🌱 14

매미 집안 식구들! 🌱 32

이모네 동네 밤 생물 관찰! 🌱 52

풀무치 찾아서 섬으로! 🌱 76

새벽들 아저씨 연구실 마당과 뒷산에서 🌱 94

벌이야, 파리야? 🌱 142

장수풍뎅이와 사슴벌레 🌱 168

찾아보기 ··· 190

참고한 자료 ··· 196

참깽깽매미를 만나다

밤에 만난 참깽깽매미

새벽들 역시 상쾌하구나. 오, 이 신선한 공기, 아저씬 새벽의 이 맑은 공기가 너무 좋아. 너희도 마음껏 마셔 봐. 어때, 좋지?

영서 흐으읍, 정말 좋아요. 온몸이 다 맑아지는 것 같아요. 앞으론 새벽에 자주 와야겠어요. 어, 그런데 진욱아, 뭐 해? 아저씨, 진욱이가 저기서 뭘 보고 있어요. 같이 가 봐요. 우리 호기심 대왕이 또 뭔가 발견했나 봐요.

새벽들 그러자. 진욱이 걸음을 멈추게 할 정도라면 틀림없는 특종감이지. 하하.

진욱 와, 이거 완전 대박이에요! 처음 봐요. 이거 매미 맞죠?

영서 어디, 와! 정말 매미네. 아저씨, 매미가 날개돋이를 하고 있어요. 정말 신기해요. 몸이 완전 옥색이에요. 어, 몸에 까만 무늬가 엄청 커요. 무슨 매미예요?

새벽들 어디 보자. 오호, 이거야말로 특종인걸? 하하하, 역시 진욱이야. 나도 처음 보는 매미란다. 책에서만 보았는데 여기서 이렇게 만나다니!

새벽 숲길

참깽깽매미 날개돋이

영서 무슨 매민데 그렇게 호들갑…… 이크, 죄송해요, 그렇게 흥분하세요?

새벽들 잠깐만, 사진 좀 찍고.

영서 아저씨가 저럴 땐, 꼭 새로운 것 보고 신나하는 내 동생 같다니까, 후후.

진욱 아저씨, 무슨 매미예요?

새벽들 참깽깽매미지. 지금 막 날개돋이를 하고 있어.

영서 참깽깽매미요? 매미 이름이 좀 그렇네요. 깽깽이라?

진욱 저도 처음 들어봐요. 참매미나 말매미, 애매미 같은 이름은 들어봤는데 깽깽인 처음 들어요. 그런데 이름이 왜 그래요?

영서 깽깽거려서 깽깽매미인가요? 우리 집 강아지가 나한테 혼나면 깽깽거리는데, 쯧쯧.

새벽들 맞아. 이 매미에 처음 이름 붙인 조복성(1905~1971, 한국 최초《곤충기》의 저자)이란 분의 설명에 따르면, 이 매미가 '깨앵깨앵' 울어서 깽깽매미라고 이름 붙였다고 해. 하지만 실제 들어보면 깨앵 하고 울기보다는 '뜨르르르' 하는 소리에 가깝지. 주로 높이 500미터가량인 산에 사는 매미라서 평지나 낮은 산에서는 볼 수 없어. 정확한 이름은 참깽깽매미야.

진욱 깽깽매미와는 다른가요?

새벽들 깽깽매미는 우리나라에 사는지 확인되지 않은 매미란다. 깽깽매미는 일본에서 처음 발견되었는데 기록에 따르면, 우리나라에는 1931년 일본인 모리라는 사람이 채집한 수컷 한 마리가 전부라고 해. 내용을 보면 그마저도 일본에 사는 깽깽매미와는 다른 점이 많지. 그

후 많은 사람들이 깽깽매미를 찾았지만 모두 실패했다고 해.

　지금 우리가 보고 있는 이 녀석은 그 깽깽매미가 아니라 우리나라에 사는 깽깽매미라는 의미로 참깽깽매미라고 하지. 우리나라에서 발견되는 매미는 이 참깽깽매미일 거야.

영서 와, 그럼 정말 귀한 매미를 만난 거네요! 이른 아침에 산에 오니 이런 행운도 다 있네.

진욱 몸이 다 마르면 무슨 색을 띠나요? 저 검은색 무늬가 계속 있나요? 궁금해요.

새벽들 아저씨도 궁금해. 혹시 밤에 등불을 켜 놓으면 참깽깽매미가 오지 않을까?

영서 정말 그랬으면 좋겠어요. 이 매미를 보니까 갑자기 다른 매미들도 궁금해졌어요.

새벽들 그럼 오늘은 매미들을 좀 찾아볼까? 애매미소리도 들리고 참매미소리도 들리는 걸 보니 근처에 여러 매미들이 사는 것 같거든.

영서 좋아요. 오늘은 우리가 매미 탐사단이네요. 기대돼요.

새벽들 낮에는 좀 쉬고 어두워지면 시작하자. 자, 이따 다시 오자꾸나.

매미 찾아 밤 숲으로

날개돋이 중인 참매미

영서 아저씨, 이쪽으로 와 보세요. 여기 매미 허물이 있어요.

참매미 허물

새벽들 어디? 오, 참매미구나.

영서 참매미요?

새벽들 응. 우리가 보통 매미라고 하는 게 바로 이 매미지. 우리나라 매미의 기본종이라 할 수 있어. 울음소리도 가장 일반적이고.

진욱 맴맴맴맴~~ 이렇게요?

새벽들 맞아. 우리가 아는 맴맴맴맴 하고 우는 매미가 바로 이 녀석이지.

영서 매미는 모두 그렇게 우는 게 아닌가요? 그럼 다른 매미는 어떻게 울어요?

새벽들 말로 설명하기는 힘들지만…… 말매미는 '차르르르' 하고 마치 폭포처럼 아주 시끄럽게 운단다. 그리고 애매미는 '우이씨~ 우이씨~' 한 다음 아주 변화무쌍하게 울지. 유지매미는 '지글지글' 기름 끓는 것처럼 울고. 쓰름매미는 '쓰름쓰름' 하면서 울지.

영서 와, 매미들이 모두 다르게 우네요. 난 처음 알았어요. 허물을 봤으니 참매미 어른벌레도 찾아봐야겠어요. 울음소리를 따라가면 만날 수 있겠죠?

진욱 저기 있어요. 저 나무 위에요.

영서 와, 정말이네. 멋져요. 참매민가요?

새벽들 참매미구나. 우는 걸 보니 수컷인데. 암컷은 발음기가 없어서 울지 못한다는 건 알고 있지?

영서 그럼요. 수컷이 암컷을 부르기 위해서 운다는 것도 알거든요.

진욱 그걸 유인음이라고 하죠, 후후. 그런데 암컷과 수컷이 다르게 생겼나요? 울음소리 말고 구별할 수 있는 방법이 있나요?

새벽들 매미를 잡고 뒤집어서 보면 암컷과 수컷이 다른 걸 알 수 있지. 가장 큰 차이는 배딱지(또는 뱃잎)의 크기인데, 수컷은 배딱지가 꽃잎처럼 넓게 생겼고 암컷은 아주 좁아. 물론 배 끝도 다르게 생겼지. 수컷은 뭉툭하고, 암컷은 홈이 있으면서 뽀족하게 생겼거든. 그게 산란관이야. 애매미처럼 암컷 산란관이 몸 밖으로 삐죽 나와 있으면 더 쉽게 구별되고.

참매미

참매미 암컷과 수컷

겹눈 홑눈 더듬이

*매미는 홑눈이 3개이지만 매미충과는 홑눈이 2개이다.

참매미 얼굴

주사바늘처럼 생긴 매미의 주둥이

참매미 주둥이

영서 아랫면도 신기하게 생겼어요. 입이 주사바늘처럼 뾰족해요. 이걸로 나무즙을 빨아 먹나요? 와, 홑눈이 빨간색이에요. 매미를 이렇게 가까이서 보다니! 엄청 멋져요.

진욱 아저씨, 저기, 매미가 날개돋이를 하고 있어요. 쉿, 이리로 와 보세요.

영서 우, 진욱이가 또 찾았구나. 역시 내 친구야. 아저씨, 참매민가요?

새벽들 맞아, 참매미구나. 와~ 멋진 장면이네. 우리 조용히 지켜볼까?

영서 완전히 다큐멘터리네요. 텔레비전에서만 보던 걸 직접 보다니, 감동이에요. 색이 정말 예뻐요.

영서 쭈그리고 앉았다가 일어서려니까 훅, 다리가 아파요. 쟤는 왜 저렇게 낮은 곳에서 날개돋이를 하지? 다른 매미들도 그래요? 아침에 본 참깽깽매미도 낮은 데서 날개돋이를 했잖아요.

새벽들 그렇진 않아. 매미마다 다르지. 어떤 매미는 아주 높은 데서 하고, 잎에 매달려서 하기도 하지.

영서 여름이라 밤이라도 더워요. 그래도 매미를 보려면 참아야겠죠? 쟤네들은 왜 이렇게 더운 날 날개돋이를 해요?

새벽들 많은 매미들이 여름에 날개돋이를 하지만 늦은 봄에 하는 녀석도 있어. 그리고 늦털매미는 늦여름부터 11월까지 볼 수 있고. 이름처럼 몸에 털이 많지.

영서 아하, 늦게 나오는 매미이면서 몸에 털이 있다고 늦털매미군요.

참매미 날개돋이

진욱 늦봄에 날개돋이를 하는 매미도 있어요? 어떤 매미예요?

새벽들 소요산매미라고, 5월 말부터 볼 수 있지. 우리나라에서 가장 먼저 나타나는 매미야. 물론 비슷한 시기에 나타나는 털매미도 있지. 둘은 울음소리가 달라서 소리만으로 구별할 수 있어. 털매미는 찌찌찌찌~ 하며 울고 소요산매미는 맴맴맴맴맴~ 하고 울다가 끝에는 타카 타카 타카 하고 울지. 아주 독특하게 울어서 금방 알 수 있어.

진욱 그럼 털매미하고 늦털매미는 어떻게 달라요? 흠, 이름으로 보면 둘 다 털이 있는 것 같은데.

새벽들 먼저, 나타나는 시기부터 달라. 털매미는 6월경에 보이기 시작하고 늦털매미는 보통 9월부터 11월까지 보이지. 그리고 속날개 색이

털매미

달라. 속날개가 주황빛이 도는 갈색으로 보이면 늦털매미고, 검은색이면 털매미야. 진욱이 말대로 둘 다 몸에 털이 많은 매미지.

영서 소요산매미는 어떻게 생겼어요? 날개돋이 하는 건 보셨어요?

새벽들 응, 지난달에 몇 번 봤어. 참매미만큼이나 멋져. 그런데 항상 날개돋이에 성공하는 건 아니란다. 매미가 날개돋이 할 때 보면 다른 육식 곤충들이 알고 모여들기도 하거든. 특히 갈색여치 같은 녀석은 소요산매미가 날개돋이 할 때 주변에 아주 많이 보이더구나. 안타까운 일이지만 갈색여치도 나름대로 생존 방법이니까 어쩔 수 없는 일이지.

진욱 그런데 왜 이름이 소요산매미예요?

새벽들 경기도 북부의 동두천에 있는 소요산에서 처음 관찰된 매미라서 붙인 이름이지.

늦털매미

19

소요산매미 날개돋이 장면

갈색여치에게 잡아먹히는 소요산매미 애벌레

애매미 날개돋이

영서 아저씨, 이쪽으로 와 보세요. 저도 매미를 찾았어요! 그런데 참매미보다 작아요. 혹시 애매미인가요? 작고 날씬해요.

새벽들 어디? 오, 맞아 애매미구나. 이 매미는 우리나라가 최초 기록지인 매미란다. 깽깽매미는 일본이고, 참매미와 말매미는 중국이 최초 기록지이지. 영서 말대로 작고 날씬하고 귀여워서 처음에는 기생매미라고 부르다가 애매미로 이름이 바뀌었지. 지금도 애기매미라는 별명으로 불리기도 해. 우리나라 매미 중에서 서식지가 가장 넓은 매미로 울음소리가 독특하기로 유명하지.

매미는 지금처럼 날개돋이 할 때가 가장 위험하단다. 천적이 달려들어도 도저히 방어할 수가 없거든. 그래서 이렇게 밤에 천적의 눈을 피해 날개돋이 하는 거야. 오늘은 마치 매미의 날개돋이 특집 다큐멘터리를 보는 것 같구나.

자, 이제 아래로 내려가 볼까? 혹시 등불에 참깽깽매미가 왔을지 몰라.

영서 네, 좋아요! 거기가면 간식도 있으니까, 헤헤.

진욱 저기 보세요. 나무 위에 매미 애벌레가 기어가고 있어요.

새벽들 오, 그렇구나. 우리 가까이 가서 보자.

영서 아까 본 애들보다 커요. 좀 뚱뚱해 보이기도 하고요.

새벽들 어디 보자, 말매미구나. '말'이란 '크다'는 뜻이거든. 보통 '조금 크다'는 뜻으로 곤충이나 식물 이름에 붙이지. 그러니까 말매미는 매미 중에서 큰 매미란 뜻이야. 말매미는 여느 매미와 달리 검은빛이 강해서 별명이 검은매미라고 해. 자, 우리 천천히 살펴보자. 저 녀석이 어디서 날개돋이를 하는지.

영서 와~ 계속 올라가요. 어디까지 갈까요?

날개돋이 하러 올라가는 말매미 애벌레

새벽들 자기가 보기에 가장 안전한 곳까지 갈 거야. 좀 더 지켜볼까, 어디까지 올라가는지.

영서 와, 너무 높아요. 잘 안 보이는 데까지 올라갔어요. 말매미는 저렇게 높은 곳에서 날개돋이 하나요?

새벽들 그렇진 않아. 아주 낮은 곳에서도 하지. 아마 우리가 계속 쳐다보니까 불안해서 높이 올라간 것 같구나.

진욱 여기 보세요, 구멍이 뚫려 있어요. 매미 애벌레가 나온 구멍인가요?

새벽들 오, 잘 찾았네. 그렇단다. 땅속에서 생활하다가 시간이 되면 이렇게 구멍을 뚫고 땅 위로 올라오지. 녀석은 이 시간을 무척 기다렸을 거야.

영서 땅속에서 얼마나 살아요? 매미는 보통

말매미 애벌레 탈출구

7년 정도 산다고 하는데, 정말인가요?

새벽들 아직 우리나라에는 정확하게 알려진 것이 없어. 일본 자료를 바탕으로 추측하긴 해도 그것 역시 정확하진 않아. 몸이 작은 매미들은

말매미 날개돋이

2~3년 산다고 하고, 그보다 좀 더 큰 매미들은 3~5년, 말매미나 유지매미처럼 큰 매미는 5~7년 산다는데 이것 역시 추측일 뿐 정확한 자료는 아니야.

진욱 아저씨, 여기 매미 날개가 있어요. 엄청 특이해요. 어떤 매미인가요?

새벽들 어디 보자, 음, 유지매미구나. 날개가 기름종이 같지 않니?

영서 유지매미요? 아까 지글지글 기름 끓는 소리로 운다는 그 매미인가요? 이 매미는 울음소리도 그렇고 날개에도 기름이 잔뜩 묻은 것 같아요. 유지매미는 기름매미네요, 후후.

새벽들 여기에도 매미 흔적이 있구나. 날개를 보니 유지매미네. 날개만 봐도 크기를 가늠할 수 있지? 녀석도 말매미와 함께 큰 매미에 속한단다.

검은매미라고도 불리는 말매미

영서 어떻게 생겼는지 궁금해요.

진욱 저도 그래요. 아저씨 빨리 내려가요. 왠지 등불에 매미들이 많이 모여 있을 거 같아요.

새벽들 그러자꾸나. 아저씨도 얼른 보고 싶은 걸?

기름종이 같은 유지매미 날개

진욱 아저씨! 여기 매미가 있어요. 가로등 밑에 있는 평상에요. 어, 가로수 기둥에도 붙어 있어요. 서로 다른 매미예요. 빨리 와 보세요.

새벽들 참매미와 유지매미구나. 애매미 수컷도 보이네. 저기 타일 바닥에 앉아 있는 매미는 애매미 암컷이고. 배 끝에 산란관이 삐죽 나와 있지? 오, 쓰름매미도 있어. 저기 나뭇잎 위에 있는 매미는, 아까 말한 몸에 털이 많은 매미인데…….

진욱 늦털매미요?

새벽들 그래. 다양한 매미들이 가로등 불빛에 모였네.

영서 와, 아저씨, 빨리 오세요. 여기 신기한 매미가 있어요. 엄청 예뻐요. 혹시 이것 새벽에 봤던 그 깽깽이 아니에요? 참깽깽매미라고 했던가요?

등화 관찰

참매미

날개돋이 직후의 유지매미

유지매미

유지매미 허물

쓰름매미 암컷

쓰름매미는 애매미와 달리 암수 모두 배 마지막 마디 윗면에 흰색 테두리가 있다.

쓰름매미

애매미 암컷(오른쪽)과 수컷

늦털매미

참깽깽매미

새벽들 오, 맞네. 참깽깽매미가 맞아. 무늬나 몸에 있는 색깔이 정말 멋지지 않니? 아침에는 날개돋이 할 때라 잘 몰랐는데 지금 보니 진짜 환상적이구나. 정말 멋진 매미야, 하하.

영서 아저씨 또 감동하신다, 헤헤.

영서 이건 뭐예요? 매미 허물처럼 생겼는데, 작고 똥똥해요.

새벽들 어디, 늦털매미구나. 애매미는 작으면서 날씬하고 늦털매미는 작으면서 오동통 귀엽지. 이 녀석 날개돋이 모습은 아주 환상적이야.

진욱 여기 관찰 텐트와 천에도 매미가 있어요. 빨리 와 보세요~.

영서 와, 멋지다! 여기도 깽깽이가 있어요. 지글이와 맴맴이도요. 어라, 늦털이도 두 마리나 있어요.

새벽들 뭐라고? 뭐가 있다고?

영서 깽깽이, 지글이, 맴맴이, 늦털이요. 헤헤.

새벽들 역시 별명 짓는 데는 영서가 선수야, 선수! 하하.

늦털매미 허물

늦털매미 날개돋이

등불에 모인 매미들

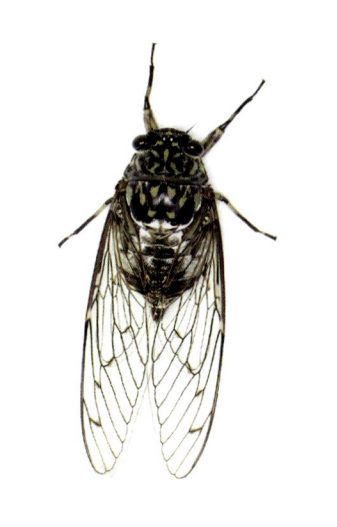

늦털매미 참매미

유지매미

참깽깽매미

관찰 천에 모인 매미들, 크기를 비교할 수 있다.

매미 집안 식구들!

노랑얼룩거품벌레

새벽들 보고 싶은 참깽깽매미를 드디어 만나다니, 기분이 좋다. 오늘은 이만 정리할까? 내일 집에 가야 하니 짐도 싸야 하고……. 참, 아까 영서 어머님한테 전화가 왔는데 내일 너를 이모님 집에 데려다주라고 하시더라. 이모님 집이 이 근처라며? 이모님이 네가 보고 싶다며, 꼭 보내라고 당부하셨대. 나만 괜찮다면 이모님 집에서 하룻밤 자면 어떻겠냐고 하셨어. 물론 진욱이도 같이 말이야. 너를 잘 돌봐줬다고 맛있는 삼겹살 구워 주신다는데, 너희는 어떡할래? 안 그래도 며칠 동안 밤 곤충을 탐사했더니 몸에 힘이 빠져 먹고 싶었거든, 하하.

영서 와, 신난다! 언제 엄마하고 통화하셨어요? 저야 물론 좋지요. 이모도 보고 싶고, 이모부가 구워 주시는 맛있는 삼겹살이라니~ 우, 생각만 해도 침이 고인다. 진욱이도 갈 거지? 어, 야! 진욱아 뭐 해? 우리 이모 집에 갈 거야?

진욱 당연하지! 내가 언제 너와 떨어지는 거 봤어? 아저씨, 이거 보셨어요? 여기 늦털매미하고 같이 있는 애요. 매미 같은데 너무 작아요. 늦털매미도 작다고 하셨는데 더 작아요. 무슨 매미인가요?

새벽들 어디. 오, 희조꽃매미구나.

진욱 이게 꽃매미라고요? 꽃매미라면 그 중국매미인가요? 주홍날개꽃매미라던 애요.

희조꽃매미와 늦털매미

희조꽃매미와 속날개

새벽들 그 꽃매미와 비슷하지만 무늬가 조금 달라. 네가 알고 있는 꽃매미와 같은 꽃매미과에 속하지.

진욱 희조꽃매미는 처음 들어봐요. 이름을 듣고 나니까 꽃매미와 비슷해 보이네요. 그럼 얘도 중국에서 왔나요? 꽃매미, 그러니까 중국매미라는 애는 중국에서 온 곤충이잖아요.

새벽들 오, 진욱이가 꽃매미에 대해 많이 알고 있구나. 그렇지, 예전에 주홍날개꽃매미나 중국매미로 불렸던 그 꽃매미는 중국에서 왔어. 하지만 희조꽃매미는 우리나라 토종 꽃매미란다. (중국매미, 주홍날개꽃매미의 정식 이름은 꽃매미다.)

영서 얘도 매미예요? 그럼 울겠네요?

새벽들 울진 못해. 매미 암컷처럼 발음기관이 없거든. 이름 때문에 매미와 비슷할 것 같지만 전혀 다른 곤충이지. 다만 주사바늘처럼 생긴 입으로 식물 즙을 빨아 먹는 건 비슷해. 매미아목(노린재목 매미아목)에 꽃매미과가 있는데 우리나라에는 이 희조꽃매미와 꽃매미 두 종이 있어.

꽃매미는 알을 낳은 뒤 그 위에 가루 같은 것을 덮어 위장한다.

꽃매미 알집 안에는 길쭉한 알들이 들어 있다. 작년 알껍질이다.

꽃매미 어린 애벌레

꽃매미 다 자란 애벌레

꽃매미 어른벌레, 날개 윗면과 속날개

영서 저도 꽃매미는 알아요. 속날개가 진짜 붉은 꽃잎이더라고요. 처음 봤을 땐 깜짝 놀랐어요. 더 놀란 건 어린 애벌레는 검은색에 하얀 점이 있는데 다 자란 애벌레는 빨간색에 검은색과 하얀색 점무늬가 섞여 있더라고요.

새벽들 제대로들 알고 있구나. 꽃매미와 희조꽃매미는 대표적인 매미 집안 식구지.

진욱 아저씨, 여기 좀 보세요. 여기에 아주 작

꽃매미 암컷이 알 낳을 자리를 찾고 있다.

검정거품벌레 짝짓기

노랑얼룩거품벌레

은 곤충이 있는데 짝짓기 중인 것 같아요. 작지만 매미와 비슷하게 생겼어요. 빨리 와 보세요.

영서 진욱이가 뭘 찾았나 봐요. 빨리 가요, 아저씨.

새벽들 어디 볼까? 오, 거품벌레구나. 검정거품벌레라는 녀석이지. 진욱이 말대로 짝짓기 중이네.

영서 거품벌레요? 거품벌레라면 나뭇가지에 침 같은 것 만드는 애요?

새벽들 맞아. 옛날 어른들은 나뭇가지에 침 같은 걸 보고 뱀이 침을 뱉었다고 해서 뱀침이라고 불렀단다. 그게 바로 거품벌레 애벌레가 만든 거지. 애벌레는 몸이 약해 햇빛에 드러나면 몸이 말라서 위험하거든. 그래서 거품을 만들어 그 속에 들어가 있는 거란다. 일종의 보호막이라고 할 수 있지. 이 근처를 좀 찾아보면 거품이 보일 거야.

진욱 여기 있어요. 안에 애벌레도 들어 있고요.

쥐머리거품벌레

가문비거품벌레

새벽들 어디? 노랑얼룩거품벌레구나.

영서 얘도 거품벌렌가요? 날개돋이를 하고 있어요.

설악거품벌레 애벌레집

설악거품벌레 애벌레

설악거품벌레

새벽들 맞아, 거품벌레네. 영서 말대로 날개돋이를 하고 있어. 거품벌레 날개돋이는 좀처럼 보기 힘든데. 주로 밤에 날개돋이를 하고, 아주 작아서 주의 깊게 관찰하지 않으면 찾기 힘들거든. 영서가 용케 잘 찾았네. 아직 몸 색이 다 나오지 않아 정확하게 무슨 거품벌레인지 알 수 없지만 정말 신기한 장면이구나. 아저씨도 처음 보네. 거품벌레도 매미 집안 식구란다.

진욱 여기 등화 천에도 거품벌레가 한 마리 있어요. 누구예요?

새벽들 노랑무늬거품벌레구나. 거품벌레 중에

탈피허물

노랑무늬거품벌레 날개돋이

서 비교적 쉽게 볼 수 있는 녀석으로 등불에 자주 찾아오는 녀석이지.

진욱 얘도 거품벌레인가요? 조금 다르게 생긴 것도 같은데, 옆에서 보니까 신기하게 생겼어요. 작지만 아주 귀여워요.

새벽들 동굴뿔매미구나. 옆에서 보면 동글동글하게 생겨서 붙인 이름이라고 해. 이 녀석도 매미 집안이란다. 매미 집안에 뿔매미과가 있는데 이 녀석이 그 뿔매미과의 곤충이지. 작지만 아주 개성이 넘치는 녀석이야.

동굴뿔매미

영서 여기에 몸이 노란 연두색에 아주 귀여운 아이가 있어요! 이쪽으로 와 보세요.

새벽들 오, 역시 매미 집안인 끝검은말매미충 애벌레구나. 매미 집안 곤충은 번데기를 만들지 않는 안갖춘탈바꿈을 하기에 애벌레와 어른벌레가 비슷하게 생겼지. 다만 애벌레는 날개가 아직 다 자라지 않아 날지는 못해.

진욱 혹시 얘가 어른벌레인가요? 날개 끝이 검은색이네요.

끝검은말매미충 짝짓기

끝검은말매미충 애벌레

끝검은말매미충

말매미충 날개 끝에 검은색이 없다. 제비말매미충 주로 낮에 활동한다.

지리산말매미충 암컷

지리산말매미충 짝짓기

새벽들 맞구나. 작지만 아주 강한 곤충이야. 이렇게 어른벌레 상태로 겨울을 나거든. 그래서 이른 봄부터 어른벌레를 볼 수 있는 녀석이야. 비슷한 녀석으로 말매미충이 있는데 날개 끝에 검은색이 없단다. 주로 낮에 보이는 제비말매미충도 매미충 무리야. '말'이란 낱말은 매미충 가운데 대체로 큰 편에 속해서 붙인 거지. 가끔 말매미충 가운데 암컷 날개가 아주 짧은 개체도 있단다. 날개가 짧아서 애벌레처럼 보이지만 짝짓기 하는 모습에서 다 자란 어른벌레라는 걸 알 수 있지. 대표적으로 지리산말매미충이 그렇거든.

영서 어, 아저씨! 여기에 신기하게 생긴 애들이 있어요. 엄청 많아서 좀 징그러워요. 몸에 하얀색이 덮인 것도 있고 작은 매미처럼 생긴 애도 보여요. 이쪽으로 와 보세요.

새벽들 미국선녀벌레구나. 과일나무에 그을음병을 일으킨다고 알려져 있어 과수원 하는 사람들이 아주 싫어한단다.

영서 선녀요? 이름이 예쁜데요. 미국에서 왔나요?

새벽들 이름 때문에 미국에 산다고 생각하지만 원래 서식지는 미국과 유럽이야. 지금은 대만, 일본, 동남아시아 등지에도 살고 있지. 갑자기 많은 수가 발생해서 사람들이 깜짝 놀라기도 한단다. 이 녀석도 매미 집안으로 선녀벌레과에 속해.

진욱 얘도 선녀벌레예요? 조금 다르게 생겼는데. 어, 노란색도 있고 하얀색도 있어요.

미국선녀벌레 애벌레

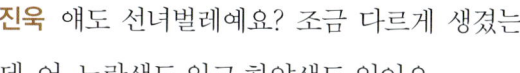

미국선녀벌레

갈색날개매미충 애벌레

갈색날개매미충 암컷(위)과 알 밀랍 같은 것으로 알을 보호한다.

새벽들 날개매미충이란다. 매미 집안의 큰날개매충과에 속하는데 어른벌레는 모두 날개가 크고 넓은 삼각형이지. 진욱이가 말한 녀석은 갈색날개매미충이고, 그 옆에 있는 녀석은 신부날개매미충이야. 갈색날개매미충은 나뭇가지에 산란관을 깊숙이 꽂아 알을 낳은 뒤 그 위를 밀랍 같은 것으로 덮어 놓지.

영서 이름이 예뻐요. 어른벌레도 예쁜가요? 어떻게 생겼어요?

신부날개매미충 애벌레

날개돋이 끝난 뒤의 갈색날개매미충

갈색날개매미충

신부날개매미충

신부날개매미충은 이 부분에 검은색 테두리가 없다. 있으면 부채날개매미충이다.

남쪽날개매미충

일본날개매미충

부채날개매미충

새벽들 예쁘다고 하는 사람도 있고, 아니라고 하는 사람도 있어. 한번 찾아볼까? 오, 저기 있네. 모두 큰날개매미충과에 속하는데 정확한 이름은 갈색날개매미충, 신부날개매미충이라고 해. 어, 그 옆에 일본날개매미충과 남쪽날개매미충도 있구나. 한꺼번에 모여 있어 비교하기가 좋은걸. 비슷하지만 조금씩 달라.

진욱 아저씨, 여기 신기하게 생긴 애가 있어요. 납작한 게 꼬리도 있고, 뭔가 신기해요.

새벽들 오, 매미충 종류의 애벌레구나. 왕버들각시매미충 애벌레 같기는 한데, 자료가 없어 아저씨도 잘 모르겠어. 하지만 매미충 애벌레인 건 확실해. 네 말대로 참 신기하게 생긴 녀석이구나.

진욱 이게 매미충 애벌레예요? 완전 신기해요. 그럼 아까 봤던 끝검은말매미충처럼 매미 집안이겠네요?

새벽들 맞아, 모두 찔러서 빨아 먹는 매미 집안이지.

영서 정말 신기하게 생겼어요. 또 어떤 애들이 있어요? 같이 찾아봐요.

새벽들 그러자꾸나. 영서가 이번에는 매미충에 꽂혔어, 하하. 매미충 종류 가운데 아주 독특하게 생긴 귀매미라는 녀석도 있는데 한번 보면 쉽게 잊히지 않는 녀석이지. 생김새가 아주 신기하거든.

| 매미충 종류의 애벌레 | 왕버들각시매미충 애벌레 | 왕버들각시매미충 |

| 끝동매미충 암컷 | 끝동매미충 수컷 | 새각시매미충 |

| 꼭지매미충(낮에 본 모습) | 매미충 종류 | 고려버들머리매미충 |

청송각시매미충

버금그물눈매미충

둥근머리각시매미충

설악상제머리매미충

줄친말매미충

투명날개단풍뾰족매미충

일본큰모무늬매미충

홍도황나매미충

등줄버들머리매미충

꼬마상제머리매미충

금강산귀매미 애벌레

금강산귀매미

귀매미 애벌레

귀매미

영서 애도 곤충인가요? 꼭 우주에서 온 생물 같아요. 몸도 주황색에 날개가 엄청 커요.

새벽들 멸구로구나. 주홍긴날개멸구라고 하지. 아저씨도 처음 봤을 때 무척 신기해했어. 영서 말대로 우주에서 온 생명체 같기도 하네, 하하.

주홍긴날개멸구

알락긴날개멸구

남방점긴날개멸구

정숙머리멸구

흰등멸구

동해긴날개멸구

끝빨간긴날개멸구

맵시방패멸구

멸구라는 이름을 가진 녀석들이 좀 있는데 모두 매미 집안 식구란다. 이번 기회에 같이 알아 두면 좋겠지?

영서 아저씨, 얘도 정말 이상하게 생겼어요. 옆에서 보면 뿔이 난 것처럼 보여요. 이름이 뭐죠?

새벽들 상투벌레야. 상투 알지? 옛날에 남자들이 장가들면 머리카락을 정수리 위에 틀어서 감아 맨 모양새지. 이 녀석 머리가 앞으로 길게 나온 모양새가 그 상투를 닮았다고 붙인 이름이란다. 이 녀석도 매미 집안 식구야. 매미 집안의 상투벌레과에 속한단다.

진욱 와, 별 이상한 곤충들이 다 있네요. 전 매미 집안에는 매미만 있는 줄 알았는데 신기하게 생긴 곤충들이 많아요. 이름도 그렇고 모양

상투벌레

깃동상투벌레

네줄박이장삼벌레 버들장삼벌레

도 그렇고.

새벽들 매미 집안 중에 장삼벌레도 있단다. 날개가 마치 소매 넓은 웃옷인 장삼처럼 생겼다고 붙인 이름이지.

영서 상투벌레, 매미충, 멸구, 장삼벌레…… 매미 집안에도 식구가 많네요. 와, 자꾸 식구 얘기하니까 이모가 더 보고 싶어요~~.

새벽들 그럼 오늘은 여기서 정리할까? 내일은 영서네 이모 집에서 맛있는 고기를 먹는다니, 신난다~. 하하하.

이모네 동네 밤 생물 관찰!

검은물잠자리

영서 정말 맛있었어요. 오랜만에 먹어서인지 삼겹살이 꿀맛이에요. 후후.

진욱 저도 그래요. 정말 맛있게 잘 먹었어요. 영서 이모부가 직접 구워 주셔서 더 맛있는걸요. 또 먹고 싶어요. 헤헤.

새벽들 영서야, 정말 맛있게 잘 먹었다고 전해 주렴. 마당에 관찰 텐트를 치게 해주셔서 감사하다고도 말이야. 아저씨는 배가 너무 불러 산책 좀 해야겠다. 오면서 보니까 동네에 작은 산이 있고, 근처에 조그마한 저수지도 있더구나. 한 바퀴 둘러봐야겠어.

영서 저도 같이 가요. 진욱이도 좋지?

등화 관찰

고추좀잠자리 수컷　　　　　　　　　　　고추좀잠자리 암컷(왼쪽)과 수컷

진욱 당연하지! 자 출발이다.

새벽들 녀석들, 좀 쉬지. 좋아, 같이 가자.

진욱 어, 저기 보세요! 잠자리예요. 저기 등불 밑에요. 벌써 모이기 시작했네요.

새벽들 어디 보자, 고추좀잠자리구나. 색깔이 빨갛게 변한 걸 보니 수컷이네.

영서 저기 관찰 텐트에도 있어요. 수컷도 있고, 그 옆에 암컷도 왔어요. 와, 신기해요. 잠자리도 이렇게 등불에 모이는구나.

새벽들 저수지 쪽으로 먼저 가 보자. 다른 잠자리도 만날지 모르거든.

진욱 저기 보세요. 잠자리가 자고 있어요. 저기 나뭇가지에요.

새벽들 깃동잠자리구나. 날개 끝에 저고리의 깃동 무늬가 있어서 붙인 이름이지. 깃동이란 저고리의 목둘레에 댄 색동을 가리키거든. 잘 보면 날개 끝이 여느 잠자리와는 다를 거야. 아무튼 진욱이 말대로 나뭇가지에 붙어서 쉬고 있구나. 밤이 되면 잠자리는 저런 자세로 잠을 잔단다.

영서 저쪽에도 잠자리가 자고 있어요. 두 마리

깃동잠자리

날개띠좀잠자리 암컷(왼쪽)과 수컷   색시잠자리라는 별명이 붙은 날개띠좀잠자리 수컷

인데, 암컷과 수컷인가 봐요. 배가 빨간 게 수컷이죠?

새벽들 맞아, 날개 무늬를 보니 날개띠좀잠자리구나. 날개에 띠무늬가 있어서 깃동잠자리와 비슷하지만 깃동 무늬 위치가 다르지. 영서가 말한 대로 배가 빨간 것이 수컷이야.

진욱 여기 있는 이 잠자리도 날개띠좀잠자리 같은데 엄청 빨개요. 몸도 그렇고 날개도 그렇네요.

새벽들 완전히 성숙한 수컷이야. 날개띠좀잠자리 수컷은 성숙해지면 몸뿐만 아니라 얼굴, 날개까지 붉게 물드는데 그 모습이 새색시 같다고 색시잠자리라는 별명이 붙었단다.

영서 저기도 예쁜 잠자리가 있어요. 저 녀석도 배가 완전히 빨개요.

새벽들 흠, 두점박이좀잠자리 수컷이구나. 녀석의 얼굴을 앞에서 보면 이마에 까만 점 두 개

가 뚜렷하게 보일 거야. 그래서 붙인 이름이지. 신기하게도 이 잠자리는 암컷과 수컷 날개 무

두점박이좀잠자리 수컷

두점박이좀잠자리 암컷(낮에 본 모습)

늬가 달라. 수컷은 날개에 무늬가 없지만 암컷은 깃동잠자리처럼 날개 끝에 검은색 띠무늬가 있단다. 그 무늬가 낮에는 더 선명하게 보이지.

진욱 어, 아저씨, 저기 보세요. 저기 저수지에 있는 풀에 뭔가 붙어 있어요. 잠자리 탈피 허물 같아요. 같이 가 봐요.

영서 와, 진짜네! 잠자리 탈피 허물이에요. 무슨 잠자리인가요?

새벽들 어디 보자. 음, 넉점박이잠자리 탈피 허물이구나.

진욱 넉점박이잠자리요?

새벽들 그래. 날개에 점무늬가 네 개 있어서 붙인 이름이지. 이 잠자리는 보통 4월 말부터

넉점박이잠자리 탈피 허물

6월까지 볼 수 있어. 봄에 탈피한 허물이 지금까지 남아 있다니.

진욱 와, 이게 애벌레면 완전 좋은데. 잠자리가

넉점박이잠자리 날개돋이와 어른벌레

날개돋이 하는 걸 보고 싶었거든요. 아저씨는 넉점박이잠자리 날개돋이 하는 걸 보셨나요?

새벽들 나도 전 과정을 다 본 건 아니고, 두 달 전인가, 동네 습지공원에서 밤에 여러 마리가 동시에 날개돋이 하는 걸 본 적이 있지. 정말 환상적이더구나. 여느 잠자리처럼 이 녀석도 밤에 날개돋이를 하기 때문에 전 과정을 다 보려면 힘든 기다림과 시간이 필요하단다. 아저씨는 그때 잠깐 둘러보는 정도라서 전 과정을 다 보진 못하고 몇몇 과정만 봤어. 너희는 전 과정을 꼭 보게 될 거야.

영서 밤에 잠자리를 볼 거라고는 생각지도 못했어요. 잠자리들이 이렇게 낮은 나뭇가지와 풀 줄기에서 잠을 자는군요. 전 아주 높은 나무나 가지 끝에서 잘 줄 알았거든요. 밤에 다니니까 신기한 게 많아요.

새벽들 우리가 보는 낮의 모습은 생태계의 일부란다. 밤에는 전혀 다른 생태계의 모습이 펼쳐지거든. 아저씨도 이번 밤 탐사를 하면서 내가 아는 것이 전부가 아니라는 걸 깨달았지. 밤에 다니니까 더 겸손해지더구나.

진욱 와, 아저씨에게 이런 모습이 있다니! 에이, 안 어울려요. 너무 진지하니까 아저씨 같지 않아요, 헤헤. 우리, 잠자리나 더 보러 가요.

새벽들 그럴까? 하하.

영서 여기저기 잠자리들이 많네요. 잠자는 모

밀잠자리 / 큰밀잠자리

알을 낳고 있는 먹줄왕잠자리 암컷

검은물잠자리 암컷(아래)과 수컷

왕잠자리

흰얼굴좀잠자리

습이 똑같은 게 신기해요.

새벽들 오, 저기 새로운 잠자리들이 있구나. 밀잠자리도 보이고, 저긴 큰밀잠자리, 그리고 왕잠자리와 흰얼굴좀잠자리도 보이는구나.

진욱 어. 이건 뭐예요? 잠자리 몸에 하얀 게 붙어 있어요. 왜 그런 거예요?

새벽들 어디 보자, 잠자리가 백강균에 감염된 모습이구나.

진욱 백강균이요?

새벽들 그래. 일종의 버섯이라고 할 수 있지. 이 균에 감염되면 곤충이 서서히 말라 가면서 살아 있는 모습 그대로 죽는단다. 하얗게 보이는 건 분생포자라는 버섯의 포자야. 아저씨도 더 자세한 건 잘 모르겠어. 산에 다니다 보면 잠자리뿐만 아니라 메뚜기나 사마귀, 하늘소 등 많은 곤충이 백강균에 감염된 걸 볼 수 있지.

진욱 그럼 저게 혹시 동충하초가 되나요?

영서 동충하초?

새벽들 어, 진욱이가 동충하초를 아는구나. 동충하초란 동충하초균이 곤충 몸에서 점점 자라 버섯 모양으로 발생하는 것을 가리키지. 겨울에는 곤충이지만 여름이 되면 풀, 즉 버섯이 된다는 뜻에서 붙인 이름이야. 아저씨도 진욱이처럼 궁금해서 이것저것 자료를 찾아보았지. 저 백강균에 감염된 곤충이 땅에 떨어져 낙엽 속에 묻혀 있다가 이듬해 습도와 온도가 맞으면 동충하초가 된다는 이야기가 있긴 하지만, 아저씨가 직접 확인해 보지 않아서 지금은 뭐라 이야기하기가 곤란하구나.

진욱 여기 이 빨간 성냥개비 같은 건 뭐죠? 어, 밑에 노린재가 있어요. 제가 살짝 흙을 파 보니까 이게 있어요. 혹시 동충하초인가요?

새벽들 어디? 오, 맞구나. 그게 바로 노린재동

백강균에 감염된 잠자리

노린재 몸에서 자라는 노린재동충하초

톱하늘소와 노린재동충하초

영서 신기한 게 다 있네요. 덕분에 동충하초도 배우고 재미있어요. 우리 조금 더 가 봐요. 또 뭐가 보일지 궁금해요. 밤은 완전 보물섬이네요. 여러 가지 자연의 보물들이 넘쳐나요.

새벽들 이런 자연의 모습을 보고 보물이라고 생각하는 너희가 더 보물 같은걸? 하하하.

진욱 여기도 멋진 보물이 있어요. 좀 가느다란 보물이에요.

영서 진짜네. 가느다란 보물이네. 갈색도 있고 파란색도 있고.

새벽들 오, 실잠자리들이구나. 갈색으로 보이는 건 묵은실잠자리고 연두색으로 보이는 건 아시아실잠자리란다. 와, 저쪽엔 잠자리들이 모여서 함께 자고 있네. 어디 보자, 참실잠자리들이야. 아름다워. 마치 반짝반짝 빛나는 보석

충하초란다. 어, 저기 톱하늘소가 왔구나. 같이 놓고 보니까 크기를 비교할 수 있어 좋네.

묵은실잠자리

아시아실잠자리

참실잠자리

처럼 보이는걸?

진욱 묵은실잠자리요? 묵은 김치도 아니고, 헤헤. 이름이 좀 그래요.

새벽들 한해를 묵고 다시 그다음 해에도 보여서 붙인 이름이야. 어른벌레로 겨울을 나니까 그런 거지. 우리나라에 어른벌레로 겨울을 나는 잠자리는 이 묵은실잠자리와 가는실잠자리 두 종이 있단다. 아주 색이 예쁜 큰청실잠자리도 밤에 가끔 보여. 이 녀석은 여느 실잠자리와 달리 낮에 날개를 펴고 앉는 특징이 있단다.

가는실잠자리 짝짓기

큰청실잠자리

큰청실잠자리 낮에는 날개를 펴고 앉는다.

영서 와, 이렇게 작은 몸으로 그 추운 겨울을 보낸다고요? 보기와는 다르게 완전 강한 잠자리네요.

새벽들 맞아, 완전 강인한 잠자리야. 오, 저기도 완전 강인한 잠자리가 있구나. 저기 봐라, 녀석은 된장잠자리인데 저 잠자리는 우리나라 잠자리가 아니라 이른 봄에 계절풍을 타고 바다를 건너오는 잠자리이지.

영서 바다를 건너는 잠자리! 진짜 강한 잠자리네요.

진욱 저기도 가느다란 보물이 있어요. 실잠자리 같아요. 어, 잠깐, 날개 모양이 달라요! 아, 혹시 쟤 명주잠자리 아니에요?

영서 어디? 명주잠자리라면 그 개미귀신?

진욱 응, 개미귀신 어른벌레!

새벽들 와, 정말이구나. 명주잠자리가 맞네. 똑똑한 제자들 덕에 아저씬 편하게 밤 곤충 탐사를 다니는데? 하하. 너희 말대로 명주잠자리 애벌레를 개미귀신이라고 하지. 명주잠자리는 모래밭이나 나무 그늘, 바위 아래 부드러운 흙에 알을 낳는단다. 알에서 깨어난 애벌레는 깔때기 모양의 집을 만들고 거기로 떨어지는 개미 같은 곤충의 체액을 빨아 먹으며 살지. 그러다가 때가 되면 모래로 동그란 고치 모양을 만들고 그 안에서 번데기가 된단다. 참 신기한 녀석이야.

진욱 아하, 그래서 잠자리와 명주잠자리가 다르군요. 잠자리는 알을 물에 낳고 번데기도 안 만들잖아요.

새벽들 역시 곤충 박사답구나. 맞아, 이름만 비슷하지, 사실은 집안이 전혀 다른 곤충들이란다. 명주잠자리는 잠자리 집안이 아니라 풀잠자리라는 집안의 식구야. 이 집안은 잠자리 집

된장잠자리 암컷

된장잠자리 수컷

명주잠자리

명주잠자리 애벌레집

명주잠자리 애벌레(개미귀신)

안과 달리 모두 번데기를 만들지.

영서 그런데 명주가 뭐예요? 제 친구 이름도 명주인데, 헤헤.

새벽들 명주실로 짠 천인데 녀석의 날개가 그 명주 천 같아서 붙인 이름이지.

진욱 아저씨, 이것 좀 보세요. 여기에 뭔가 있는데 잘 안 보여요. 아저씨가 카메라로 찍어서 좀 보여 주세요.

영서 어디, 뭐가 있다고 그래? 아무것도 안 보이는데……. 그냥 이끼 같은 것만 보이잖아.

진욱 여기 잘 봐, 여기 갈라진 틈에.

새벽들 어디, 일단 찍어서 보자. 와, 정말이구나. 뭔가가 있네. 가만…… 와, 애알락명주잠자리 애벌레구나. 얼마 전에 다큐멘터리에 소개되어 아저씨도 보고 싶은 녀석이었는데. 진욱이 덕에 멋진 보물을 보게 됐구나, 하하.

영서 정말이네. 와, 완전 신기해. 작지만 개미귀신과 비슷하게 생겼어요.

새벽들 이끼처럼 생긴 건 지의류인데 애알락명주잠자리는 바로 이런 곳에서 산단다. 지의류와 비슷한 색으로 위장하고 꼭꼭 숨어 있다가 지나가는 작은 애벌레나 곤충들을 잡아먹지. 신비로운 습성을 지닌 녀석이야.

진욱 애알락명주잠자리요? 그럼 얘가 이끼개

미귀신이라는 그앤가요?

새벽들 맞아, 바로 이 녀석이 이끼개미귀신이지.

진욱 어른벌레는 어떻게 생겼어요? 명주잠자리와 비슷한가요?

새벽들 글쎄, 아저씨도 직접 본 적이 없고 사진으로만 봤는데 아주 작더구나. 이름처럼 날개에 알록달록 무늬도 있지. 알락명주잠자리는 직접 봤는데, 그 녀석도 날개에 무늬가 있었지. 배에도 고리 무늬가 뚜렷하고. 그러고 보니 명주잠자리 애벌레들은 다양한 환경에서 사는구나. 종류도 많고.

진욱 어, 쟤도 명주잠자리인가요? 날개가 독특

애알락명주잠자리 애벌레

애알락명주잠자리 애벌레

애알락명주잠자리 고치

하게 생겼어요.

새벽들 저 녀석은 보날개풀잠자리에 속하는 풀잠자리란다. 정확한 이름은 모시보날개풀잠자리지.

영서 보날개가 뭐예요?

새벽들 흠, 글쎄다. 보통 비행기 날개 한쪽이 좀 두툼하단다. 그건 날개의 뒤틀림 같은 것을 막으려고 날개 안에 부재를 넣어 보강하기 위

알락명주잠자리   알을 낳고 있는 알락명주잠자리

얼룩명주잠자리

모시보날개풀잠자리

보날개풀잠자리류

함인데 그것을 '날개 보'라고 하지. 이 녀석의 날개가 비행기의 날개 보를 넣은 것처럼 보여서 보날개라고 한 게 아닌가 하는 추측만 하고 있어. 모시는 알지? 날개가 잠자리 날개 같은 모시 옷감처럼 생겨서 붙인 이름인 듯해. 눈이 참 예쁜 녀석이지. 좀 독특하다고 생각하는 부분은 머리가 주황색이어서 풀잠자리 중에서 그

래도 쉽게 이름을 부를 수 있단다. 풀잠자리들은 워낙 비슷하고 자료가 부족해서 이름을 쉽게 부를 수 있는 녀석이 그리 많지 않거든.

진욱 풀잠자리라면 연두색 요정처럼 생긴 아이 아니에요? 날아다닐 때 보면 꼭 팅커벨 같던데.

영서 저도 알아요. 알 모양이 신기하다고 하던데요.

새벽들 맞아, 그 풀잠자리야. 종류는 많은데 아직 정확하게 무슨 풀잠자리인지 구별하기가 쉽지는 않지. 가장 정확한 방법은 현미경으로 관찰해야 하지만 이렇게 산에서, 그것도 밤에 만나는 풀잠자리들은 이름을 정확하게 불러 주기가 쉽지 않단다.

진욱 아저씨, 이거 아니에요? 여기 풀잠자리 알이 있어요. 진짜 신기하게 생겼어요.

영서 와, 진짜다. 정말 신기하게 생겼어요. 저

풀잠자리류 알

풀잠자리류 애벌레

풀잠자리류 고치

런 알에서 아주 예쁜 아이가 나오겠죠?

새벽들 그래, 풀잠자리 종류가 낳은 알이 맞구나. 풀잠자리류의 애벌레는 예쁘게 생겼다기보다 멋있는 사냥꾼처럼 생겼어. 무당벌레 애벌레처럼 진딧물 사냥꾼으로 유명하지.

영서 풀잠자리 어른벌레도 보고 싶어요. 같이 찾아봐요.

진욱 여기 있는 게 풀잠자리 맞죠? 여러 마리가 같이 있어요. 진딧물 같은 걸 잡아먹고 있네요.

영서 그 옆에도 한 마리 있어요. 어, 그런데 좀 다르게 생겼네? 노란색 줄무늬가 있어요.

새벽들 어디 보자, 어리줄풀잠자리구나. 애벌레나 어른벌레 모두 유명한 진딧물 사냥꾼이란다. 그래서 진딧물 때문에 농사를 망치는 사람들이 관심을 갖는 종이지. 풀잠자리를 이용해 진딧물을 없애려는 연구를 계속하고 있다는 이야기를 들은 적 있어. 이 녀석 외에도 몸노랑풀잠자리나 흰띠풀잠자리 등 많은 풀잠자리가 우리 주변에 보이지만 아까도 말했듯이 이름 불러 주기가 쉽지 않아.

진욱 어, 쟤는…… 이상하게 생겼어요. 풀잠자리도 아니고 명주잠자리도 아니네요.

영서 정말? 몸과 날개는 잠자리인데, 더듬이가 이상하게 생겼어요. 골프채 같아.

새벽들 오, 뿔잠자리구나. 영서가 말한 저 더듬

진딧물 사냥에 열중인 풀잠자리류

어리줄풀잠자리

흰띠풀잠자리

몸노랑풀잠자리 풀잠자리류

뿔잠자리 암컷 낮에 본 노랑뿔잠자리

노랑뿔잠자리 알

잠자리 집안에 속한단다. 애벌레도 개미귀신처럼 생겼지. 모기 같은 작은 곤충을 잡아먹는다고 알려졌어. 배가 불룩한 걸 보니 암컷이구나. 곧 알을 낳을 것처럼 보이네.

진욱 쟤가 뿔잠자리였어요? 자세히 보니 제가 예전에 봤던 노랑뿔잠자리와 비슷해요. 걔도 더듬이가 골프채였거든요.

새벽들 오, 진욱이가 노랑뿔잠자리를 아는구나. 아저씨도 이른 봄에 몇 번 봤는데 주로 낮에 활동하지. 진욱이 말처럼 골프채같이 생긴 더듬이가 특징이야.

영서 어떻게 금방 암컷인 걸 아세요? 배가 불룩한 것 말고 또 다른 특징이 있나요?

새벽들 영서 질문이 갈수록 날카로워지는구나. 아저씨가 좀 더 공부를 해야겠는걸, 하하. 뿔잠자리는 암컷과 수컷이 다르게 생겼어. 지금 본

이가 뿔처럼 보였는지 뿔잠자리라는 이름을 붙였지. 이름에 잠자리가 있지만 잠자리 집안과는 상관없고 풀잠자리나 명주잠자리와 같은 풀

뿔잠자리 암컷

배 끝에 별다른 부속지가 없다.

뿔잠자리 수컷

배 끝에 집게 모양의 부속지가 있다.

녀석이 암컷인데 배 끝을 보면 밋밋하지? 수컷은 배 끝에 동그란 집게 같은 게 달렸어. 음, 집게벌레 알지? 집게가 달렸는데 길지 않고 동그랗게 안으로 굽었어. 배 끝에 동그란 집게가 달려 있으면 수컷이고 없으면 암컷이란다. 그래서 암수가 쉽게 구별이 되지.

영서 신기하게 생긴 곤충도 다 있네요. 그러니까 풀잠자리, 뿔잠자리, 명주잠자리는 이름에 잠자리가 있지만 잠자리와는 완전히 다른 집안이라는 거죠?

새벽들 맞아. 그리고 하나 더 포함한다면 뱀잠자리라는 녀석도 있는데 네가 말한 아이들과 함께 풀잠자리 집안에 속하지. 모두 번데기를 만드는 갖춘탈바꿈을 한단다.

진욱 어, 아저씨~ 저기 아주 작은 사마귀가 있어요. 저렇게 작은 사마귀도 있나요? 좀사마귀보다 훨씬 작아요.

영서 어디? 진짜네. 완전 귀여워요. 저렇게 작은 사마귀도 다 있다니! 어, 여기 가까이에도 있어요. 정말 귀여워요.

새벽들 어디 보자. 오, 사마귀붙이구나. 사마귀붙이 가운데 작다고 해서 애사마귀붙이라고 이름 붙였단다. 미니 사마귀처럼 생겼지?

진욱 그럼, 사마귀가 아닌가요? 어떻게 다른데요?

새벽들 이름에 사마귀가 있고 생김새도 비슷하지만, 가장 큰 차이는 사마귀는 번데기를 만들지 않는 안갖춤탈바꿈을 하고 이 사마귀붙이는 번데기를 만드는 갖춘탈바꿈을 하지. 자세히 보면 날개도 달라. 사마귀 날개 알지? 그 녀석은 앞날개가 불투명한 초록색이거나 갈색이잖니? 이 사마귀붙이는 앞날개, 뒷날개 모두 그물

애사마귀붙이

애사마귀붙이의 짝짓기

낮에 본 애사마귀붙이

모양의 투명한 날개란다. 명주잠자리, 뿔잠자리, 풀잠자리와 같은 풀잠자리 집안에 속하는 곤충이란다.

영서 와! 정말 신기해요. 그럼 얘들도 다른 곤충을 잡아먹어요?

새벽들 주로 작은 곤충을 사냥한단다. 독특한 점은 이 녀석의 애벌레가 거미 알주머니 속으로 들어가 아기 거미들을 잡아먹고 그 속에서 번데기가 되는 거지. 거미의 천적 곤충 가운데 하나야.

영서 저렇게 작은 애가 거미의 무서운 천적이라니. 자연은 참 신비로워요.

새벽들 아, 네 알겠습니다. 바로 내려가겠습니다. 얘들아, 지금 영서 이모님이 간식 먹으러 내려오라고 전화하셨네……. 숯불에 고구마랑 버터 바른 옥수수 구워 놓으셨대. 너희는 당연히 곤충을 더 관찰할 거지? 아저씨는 먼저 내려간다, 하하.

영서, 진욱 에이, 같이 가요. 아저씨!!

진욱 어, 저기 보세요. 사마귀붙이가 또 있어요. 저기 관찰 텐트에요.

영서 정말이네. 쟤도 간식 먹으러 온 거 아냐?

등화 관찰

어, 그 옆에 있는 애는 색이 좀 달라 보여.

새벽들 그렇구나. 애사마귀붙이가 왔어. 영서가 말한 녀석은 사마귀붙이야. 애사마귀붙이와 함께 있으니 비교하기가 좋구나. 색이 좀 다르지? 특히 긴 목처럼 보이는 부분, 정확하게는 가슴 색이 좀 다르단다.

진욱 맞아요, 조금 달라요. 크기도 좀 커 보이고. 자세히 보니까 앞다리가 붙어 있는 게 아니네요. 전 사마귀 앞다리처럼 생긴 다리가 몸에 붙어 있는 줄 알았거든요. 움직일 때 보니까 사마귀처럼 사용하네요.

영서 저도 그런 줄 알았어요. 쟤는 머리 아픈 사람처럼 항상 목덜미를 잡고 있구나 하고 생각했는데 자세히 보니까 아니네요. 걸어갈 때

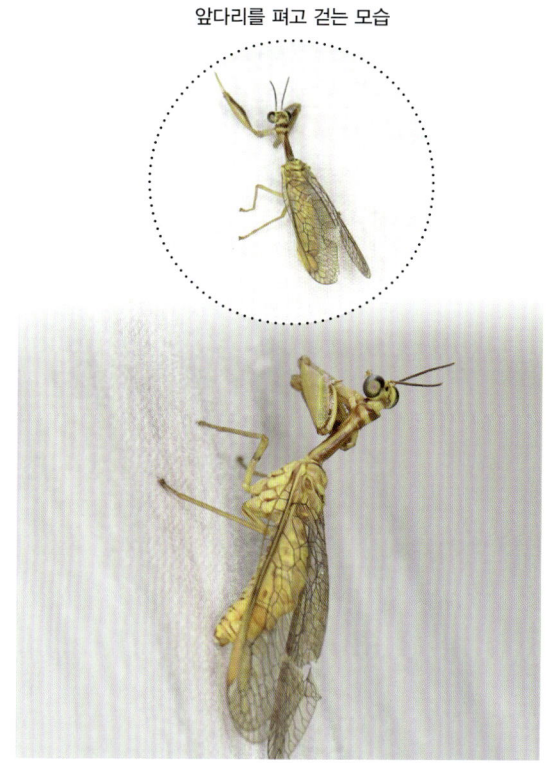

앞다리를 펴고 걷는 모습

애사마귀붙이

애사마귀붙이가 먹이를 잡았다.

사마귀붙이

도 그렇고 사냥할 때도 앞다리를 써요.

진욱 와, 여기 멋진 애가 있어요. 날개가 시옷 자예요. 영서야, 이리 와 봐. 정말 멋있어!

영서 어디? 윽, 난 약간 징그러운데? 어, 더듬이가 달라. 하나는 빗살 모양이고 그 옆에 있는 애는 가느다란 실 모양이야. 나방처럼 말이야. 생긴 건 나방과는 완전히 다른데…….

새벽들 이 녀석들이 바로 뱀잠자리란다. 아까 말한 것 기억하니? 풀잠자리 집안 이야기할 때 말이야.

진욱 아, 그럼 이 녀석도 이름에 잠자리가 들어 있는 풀잠자리 집안의 곤충이군요. 당연히 번데기를 만들겠네요?

새벽들 맞아. 날개에 얼룩무늬가 많아 얼룩뱀잠자리라고 부르는 녀석이지. 더듬이가 빗살 모양이면 수컷이야. 애벌레 때 흐르는 물에 살면서 다른 곤충을 잡아먹는 대표적인 수서곤충이란다. 날개가 커도 잘 날지 못하고 주로 기어 다니면서 불빛에 모여드는 곤충을 잡아먹지.

영서 저기 있는 것도 뱀잠자리인가요? 그런데 날개 무늬가 좀 달라요. 얼룩뱀잠자리는 날개에 무늬가 많은데 쟤는 날개가 그냥 투명해요.

새벽들 저 녀석은 노란뱀잠자리란다. 영서 말대로 날개에 별다른 무늬가 없고 몸 전체가 노란빛을 띠지. 그나저나 너희 배 안 고프니? 아

얼룩뱀잠자리 수컷   얼룩뱀잠자리 암컷

노란뱀잠자리

가는좀뱀잠자리

저씨는 배에서 꼬르륵 소리가 막 나는데. 에이, 안 되겠다. 너희는 곤충 관찰이나 열심히 해라. 아저씨는 도저히 냄새 때문에 안 되겠다. 맛있는 고구마랑 옥수수 먹을란다. 바이~.

영서, 진욱 그런 게 어디 있어요! 같이 가요~.

풀무치 찾아서 섬으로!

섬에서 만난 풀무치

새벽들 어서들 와라. 늦지 않게 왔네. 자, 이제 곧 배를 타야 하니까 준비하자. 다행히 날씨가 좋아서 배 멀미는 안 하겠어.

영서 무슨 곤충을 보는데 섬까지 가나요? 이렇게 이른 새벽에요.

진욱 왜, 너는 가기 싫어? 난 여기 오는 게 너무 설레어서 어제 한숨도 못 잤는데.

영서 그게 아니라 궁금해서 그렇지. 나도 설레어서 한숨도 못 잤거든, 헤헤. 사실 섬에 가는 게 처음이라 좀 무섭기도 하고.

새벽들 아저씨도 섬 여행을 많이 해 보지 않아 약간 걱정이 되지만 너희가 있어 든든하다. 하루만 자고 와야 하니까 이렇게 새벽부터 서두르는 거야. 그래도 너희 부모님들께서 흔쾌히 허락해 주셔서 얼마나 다행인지 몰라.

　섬에 도착하면 점심때쯤 될 테니까 해지기 전에 잠깐 섬을 둘러본 뒤에 저녁 먹고 나서는 해변을 중심으로 밤 곤충을 관찰할 거야. 섬이라 등화 장비를 설치할 수 없어서 아쉽지만, 손전등을 들고 돌아다니다 보면 제법 보고 싶은 곤충을 만나게 될 거야.

진욱 음, 아저씨가 보고 싶어 하는 곤충이 풀무치라고 했나요?

새벽들 맞아, 풀무치야. 물론 육지에도 풀무치가 살지만 섬에 사는 대형 풀무치가 보고 싶거든. 특히 밤에 녀석들이 어떤 모습인지 궁금해.

영서 풀무치라면 메뚜기 종류일 텐데, 육지와 섬에 사는 풀무치 크기가 다른가요?

새벽들 응. 섬에는 먹이가 풍부하고 천적도 많지 않아서 녀석들이 육지보다 더 커졌지. 메뚜기 종류 중에 특히 풀무치가 대형화되었어. 풀무치가 한번 날면 마치 새가 나는 것처럼 보인다는데, 아저씨도 그 모습을 꼭 보고 싶었거든. 자, 시간 됐다. 어서 가자.

영서 우와, 섬이 정말 예뻐요. 여기서 살고 싶어요! 하루만 있는다는 게 너무 슬프네요. 이런 섬에서 살면 얼마나 좋을까.

진욱 저도 그래요. 한 달만이라도 살았으면 좋겠다~~. 정말 멋진 섬이에요.

섬 풍경

새벽들 아저씨도 그래. 자, 이제 슬슬 섬 탐사를 시작해 볼까? 헤드랜턴과 손전등은 다 챙겼지? 너무 무리하지 말고 산책한다는 생각으로 다녀 보자. 휴가 왔다고 생각하고 말이야, 하하.

진욱 아저씨, 아까 이 섬에 왔을 때부터 곤충 소리가 계속 들렸는데, 궁금해요. 여치 소리 같은데 집 근처에서 듣던 것과는 달라서요.

새벽들 아저씨도 들었어. 그럼 먼저 그 소리가 났던 곳을 중심으로 찾아볼까? 자, 출발!

영서 아저씨, 혹시 쟤 아니에요? 저기 메뚜기 같은 애요. 풀잎 위에요.

새벽들 어디? 오, 가만있어 봐. 우선 사진 좀 찍자. 맞아. 긴날개여치구나. 여치보다는 몸이 날씬하고 좀 길지. 날개도 그렇고.

진욱 그래서 긴날개여치라고 하는 거예요? 쟤가 아까부터 들렸던 그 소리의 주인공인가요? 멋지게 생겼어요.

영서 어, 암컷과 수컷이 같이 있는 것 같아요. 저기 배 끝에 긴 창처럼 생긴 게 산란관 맞죠? 멋져요. 소리는 어떻게 내는데요?

새벽들 날개를 비벼서 내지. 그게 메뚜기와 여치의 다른 점이란다. 메뚜기 종류는 뒷다리로

78

긴날개여치 수컷   긴날개여치 암컷   낮에 본 긴날개여치 크기를 짐작할 수 있다.

앞날개를 긁어서 소리를 내는데 여치 종류는 앞날개를 서로 비벼서 소리를 내거든.

영서 와, 신기하다. 참, 쟤들은 소리를 어떻게 들어요? 귀도 없는데…….

새벽들 곤충은 사람의 귀 대신 고막이 있단다. 그 고막으로 소리를 듣지. 메뚜기 종류는 첫 번째 배마디에 있고, 여치 종류는 앞다리 종아리마디에 있어.

영서 아, 그렇군요. 그러면 메뚜기와 여치는 어떻게 달라요?

새벽들 뭐 다른 점이야 많지만, 가장 큰 차이는 더듬이 길이란다. 더듬이가 짧으면 메뚜기, 몸보다 길면 여치야. 저 녀석을 봐라. 더듬이가 길지? 그러니까 여치 종류에 속하겠지.

여치아목과 메뚜기아목의 차이

차이점	여치아목	메뚜기아목
더듬이	몸길이보다 길고 가늘다.	몸길이보다 짧고, 여치류보다는 굵다.
고막(소리 듣기)	앞다리 종아리마디에 있다.	첫 번째 배마디에 있다.
소리 내기	앞날개 두 장을 서로 비벼서 낸다.	뒷다리로 앞날개를 긁어서 낸다.
짝짓기(암수)	어부바한 자세에서 암컷이 위에 있다.	어부바한 자세에서 수컷이 위에 있다.
알 낳기	알을 한 개씩 낳는다.	알을 거품에 싸서 한꺼번에 많이 낳는다.
같은 식구	꼽등이, 여치, 귀뚜라미, 땅강아지, 쌕쌔기, 매부리, 방울벌레, 철써기, 풀종다리, 먹종다리 등	모메뚜기, 벼메뚜기, 밑들이메뚜기, 주름메뚜기, 섬서구메뚜기, 방아깨비, 콩중이, 팥중이, 딱따기, 풀무치 등

발톱메뚜기   발톱메뚜기 짝짓기

진욱 아저씨, 여기 메뚜기가 한 마리 있어요. 독특하게 생겼어요. 우와, 모래랑 똑같아요!
새벽들 어디 보자. 음, 발톱메뚜기구나.
진욱 발톱이요? 이름이 요상해요.
새벽들 아저씨도 왜 애들을 발톱메뚜기라고 하는지는 정확히 모르겠지만, 아마 욕반(발톱 사이에 쌍으로 나 있는 돌기)이라는 부분이 여느 메뚜기와 달리 튀어나와서 붙인 이름 같아. 이 녀석들은 발톱 사이에 있는 욕반이 발톱 길이보다 길다고 하거든.

자세히 보면 보통 메뚜기와는 다르게 머리 위에서부터 가로 줄무늬가 있지. 또 낮에 보면 가끔 얼굴과 다리가 분홍색인 녀석들도 보이고. 주로 바닷가 모래밭이나 갯골, 사용하지 않는

얼굴과 다리가 진한 분홍색인 발톱메뚜기

해변메뚜기

오래된 염전이나 강가 모래 등에서 산다고 해.

이 녀석과 비슷한 곳에 사는 해변메뚜기도 있는데 그 녀석도 날개 색이 모래와 비슷해서 바닷가 모래에 가만히 앉아 있으면 좀처럼 찾기 힘들지. 발톱메뚜기는 전국적으로 분포하지만 해변메뚜기는 주로 서해안 바닷가에 산다고 알려졌단다. 내일 낮에 섬을 둘러보면 분명히 해변메뚜기를 볼 수 있을 거야.

영서 저기 방아깨비가 있어요. 섬에 살아서 엄청 클 줄 알았는데 똑같네요, 후후.

새벽들 섬에 산다고 무조건 큰 건 아니야. 그나저나 가을밤에 다니다 보면 방아깨비가 알을 낳는 장면을 볼 수도 있는데, 흙에 구멍을 파고 알을 낳지. 자, 조금 더 가 볼까?

방아깨비

알을 낳는 방아깨비 10월 8일에 관찰한 모습이다.

긴꼬리쌕쌔기 암컷   긴꼬리쌕쌔기 암컷과 수컷

쌕쌔기 암컷 긴꼬리쌕쌔기보다 날개가 길다.

진욱 어, 이건…… 암컷 같은데…… 우와~ 이렇게 긴 산란관은 처음 봐요.

영서 어디? 와, 정말 길다. 이건 무슨 곤충이에요? 몸길이보다 산란관이 더 길어요.

새벽들 긴꼬리쌕쌔기라는 곤충이란다. 더듬이가 엄청 길지? 여치 무리에 속하는 녀석이지. 암컷의 산란관이 몸보다 길어서 비슷한 종인 쌕쌔기와 구별된단다. 어, 저기 봐라, 저기 풀 줄기 위에. 암컷과 수컷이 함께 있네. 뒤에 있는 게 수컷이란다. 배 끝에 창 같은 산란관이 없지?

진욱 여기도 있어요. 어, 저기도 보이네요. 밤에 오니까 더 많이 보이는걸요.

영서 저기 모래에 앉아 있는 건 뭐예요? 쟤도 더듬이가 길어요.

새벽들 긴꼬리라고 해. 더듬이를 보니 메뚜기보다는 여치 무리인 걸 알 수 있지? 여치 무리 중에서 귀뚜라미과에 속하는 곤충이란다.

진욱 소리가 너무 예뻐요. 수컷인가요?

바닷가 모래에 앉아 있는 긴꼬리 수컷

새벽들 맞아, 수컷이지. 날개를 자세히 살펴보면 날개 전체가 발음부로 되어 있단다. 여치 중에서도 소리가 아름답기로 소문난 녀석이야.

영서 전 이해가 잘 안 돼요. 덩치도 작은 녀석이 어떻게 큰 소리를 낼 수 있죠? 앞날개를 비벼서 내는 소리가 정말 크잖아요?

새벽들 오, 좋은 질문이구나. 자, 그럼 그 비밀을 함께 풀어 볼까? 자세히 관찰하다 보면 그 질문의 답을 찾을 수 있을 테니까.

진욱 잠깐, 여기 좀 보세요. 칡잎에 커다랗게 구멍이 나 있어요. 어, 긴꼬리 얼굴이 보여요!

새벽들 쉿, 우리 조용히 뒤로 돌아가서 녀석이 어떤 모습으로 있는지 보자.

영서 와, 신기해요. 쟤가 날개를 비벼서 저 뚫린 구멍으로 소리를 내보내는 것 같아요. 아, 알았다! 저 뚫린 구멍이 스피커 역할을 해서 소리가 크게 들리는구나. 와, 엄청 똑똑한걸요?

새벽들 맞아. 녀석은 자연의 스피커를 이용해서 자신의 소리를 크게 내는 거야.

진욱 저기 긴꼬리 두 마리는 짝짓기를 하는 건가요? 위에 있는 애는 뭔가 먹고 있는 것처럼 보여요.

새벽들 어디? 오, 진욱이가 귀한 장면을 봤구나. 긴꼬리는 아주 독특한 방식으로 짝짓기를 한단다. 지금 위에 있는 녀석이 암컷이고, 아래

앞날개를 비벼 소리를 내는 긴꼬리 수컷

짝짓기 중인 긴꼬리 위에 있는 개체가 암컷이다.

83

갈색여치 짝짓기

정포

갈색여치 암컷에 붙인 정포

에 날개를 활짝 펼치고 있는 게 수컷이야. 수컷은 암컷이 다가오면 날개를 활짝 펴고 등가슴 밑에서 페로몬이라는 물질을 내보내고, 암컷은 그것을 먹지. 그때 재빨리 수컷은 젤리 같은 물질로 둘러싼 자신의 정포(정자를 감싸고 있는 주머니)를 암컷의 생식문에 붙이는 거야. 수컷이 떠나면 암컷은 수컷이 붙인 정포를 먹으면서 난소가 잘 자라도록 하지.

진욱 정말 신기하네요. 보면 볼수록 더 알고 싶어져요. 저기 나뭇가지에 매미 허물이 보여요. 허물이 큰 걸 보니 말매미 같은데요. 그 옆에 말매미가 있어요. 하, 섬에도 매미가 사네요. 신기해요.

영서 으~ 여기 말매미 죽은 게 있어요. 와~ 이건…… 전부 매미 허물이에요. 엄청 많아요.

새벽들 모두 말매미 허물이구나. 아마 바람에 휘날려 바다에 떨어졌다가 밀물 때 파도에 실려 여기 한곳에 모인 것 같다. 이것만 봐도 이섬에 얼마나 많은 매미가 사는지 알겠는걸.

진욱 여기 참매미도 있어요. 모래 위에요.

영서 나무줄기에 매미도 보여요. 어, 매미가 좀 이상해요. 혹시 아저씨가 말씀해 주신 백강균에 감염된 건가요? 동충하초인가 뭔가 이야기하실 때 들은 것 같은데. 어, 그 옆엔 매미가…… 날개돋이에 실패한 것 같아요. 에구, 불쌍해라.

새벽들 어디? 참매미구나. 안타깝지만 자연의 일이니…… 어쩔 수 없지.

영서 섬에도 참 여러 곤충들이 사네요. 하루만 이곳에서 지낸다는 게 아쉬워요. 좀 더 지내면서 보고 싶은데…….

새벽들 아저씨도 그래. 아쉽지만, 다음에 또 오지, 뭐.

진욱 여기에 애벌레가 있어요. 왕뿔이 같아요. 신기하게 풀에 있지 않고 모래 위를 기어 다니네요.

말매미

죽어서 모래에 떨어진 말매미

말매미 허물

모래 위에 앉아 있는 참매미

백강균에 감염된 참매미

날개돋이에 실패한 참매미

모래 위를 기어가는 박각시 애벌레

순비기나무에 있는 박각시

순비기나무에서 꿀을 먹고 있는 줄점팔랑나비

새벽들 오, 진짜 왕뿔이구나. 박각시 애벌레네. 지금 돌아다니는 걸 보니 번데기 만들 장소를 찾고 있어. 저렇게 돌아다니다가 적당한 곳이 나타나면 녀석은 허물을 벗고 번데기가 될 거야. 주로 땅속에서 번데기를 만들기 때문에 저렇게 돌아다니면서 알맞은 장소를 찾는 거지.

영서 와, 여기 왕뿔이 엄마가 있어요! 보라색 꽃에요.

새벽들 보라색 꽃이 핀 나무는 순비기나무라고 해. 바닷가 모래밭에서 자라는 나무이지. 이크, 박각시가 불빛에 놀랐나 보구나.

낮에 본 줄점팔랑나비

바닷가 모래밭에서 자라는 순비기나무

밤에 본 팥중이 　　　　　　　　　　　낮에 본 팥중이

진욱 그 옆에도 작은 나방이 있어요.

새벽들 나방처럼 생겼지만 나비의 하나로 줄점 팔랑나비란다. 녀석도 순비기나무에 있네. 바닷가 곤충들에게 순비기나무는 꿀 창고로구나, 하하.

영서 섬에는 곤충도 많고 신기한 나무도 있네요. 그런데 아저씨가 보고 싶어 하시는 풀무치는 안 보여요. 메뚜기처럼 생긴 거죠?

진욱 어, 쟤 아닌가요? 저기요. 모래에 메뚜기가 앉아 있어요. 혹시 풀무치 아니에요?

새벽들 어디? 팥중이구나. 모래랑 무늬가 똑같은데 잘 찾았어.

영서 여기 작은 메뚜기가 있어요. 팥중이 아기인가요? 귀여워요. 어, 등이 볼록 솟았어요.

진욱 그렇네. 팥중이랑은 달라요. 여기도 한 마리 있는데 얘도 등이 볼록해요.

새벽들 어디? 오, 풀무치 어린 녀석이구나.

영서 그럼, 혹시 얘가 풀무치 아닌가요? 엄청 커요. 이렇게 큰 메뚜기는 처음 봤어요.

진욱 여기도 있어요. 어, 영서가 본 것과 색이 다른데? 영서가 본 건 갈색인데 얘는 초록색이에요.

새벽들 정말 그렇구나. 풀무치가 맞아. 풀무치는 주변 환경에 따라 갈색형과 녹색형이 있지. 함께 보니까 비교하기가 좋아. 크긴 크구나. 육지에서 보던 것보다 훨씬 커. 가만, 조금 더 찾아보자. 이 녀석들은 함께 모여 사니까 주변을 살펴보면 여러 마리가 있을 거야. 영화에서도 가끔 등장해 농작물을 몽땅 먹어 치우는 어마어마한 메뚜기 떼가 바로 이 풀무치란다. 중국에서는 황충이라고 부르기도 하지. 노벨 문학상을 받은 미국 작가 펄 벅의 《대지》라는 소설에서 묘사한 메뚜기 떼가 바로 이 풀무치야.

진욱 우와, 이렇게 큰 메뚜기는 처음 봤어요.

영서 드디어 아저씨 소원을 이루셨네요. 축하드려요, 후후. 그런 의미에서 저희 소원도 들어주시면 안 될까요?

새벽들 소원? 뭔데? 들어 줄 수 있으면 당연히

낮과 밤에 본 어린 풀무치 　　　　　　　　풀무치 갈색형

풀무치 녹색형 　　　　　　　　낮에 본 풀무치 갈색형(위)과 녹색형

풀무치 짝짓기 위에 있는 개체가 수컷이다. 　　　　풀무치의 크기를 짐작할 수 있다.

들어 줘야지.

영서 다, 아시면서. 저흰 지금 엄청 배가 고파요, 헤헤.

새벽들 오, 알았다. 소원이 뭔지. 간식! 하하하. 아저씬 잠깐 이 녀석들 사진 좀 찍고 갈 테니까 먼저들 들어가라. 저기 가로등 옆에 있는 집이 우리 숙소인 건 알지? 조금 이따 아저씨가 이 장님 댁에 들러서 먹을 것 좀 가지고 갈게.

영서, 진욱 네!

영서 앗, 잠깐만! 아저씨, 빨리 와 보세요. 여기 신기한 곤충이 있어요. 동그랗게 생긴 잎 주변으로 시커먼 곤충이 기어가고 있어요. 처음에 사슴벌레인 줄 알고 잡으려고 했는데 자세히 보니까 아니에요.

진욱 네, 저도 사슴벌레인 줄 알았는데, 좀 다르게 생겼네요. 이름이 뭐예요?

새벽들 어디? 오, 이건 큰조롱박먼지벌레라는 녀석이구나.

영서 조롱박이요?

진욱 먼지벌레요?

새벽들 그래, 큰조롱박먼지벌레! 이 녀석 몸이 조롱박을 닮아서 붙인 이름이지. 이 녀석이 속해 있는 먼지벌레 무리는 주로 기어 다니면서 먼지를 뒤집어쓰거나 먼지더미 같은 데서 먹이를 구하기 때문에 붙인 이름이고. 주로 바닷가나 하천의 모래밭에 살기 때문에 산에서는 보

큰조롱박먼지벌레　　　　　　　가는조롱박먼지벌레

기 힘든 녀석이란다. 너희 덕분에 멋진 곤충을 만나게 되었구나, 하하.

참, 영서가 말한 동그랗게 생긴 잎은 갯메꽃이라고 하는데 바닷가 모래밭에서 자라는 대표적인 염생식물이지. 아저씨도 처음 이 녀석을 봤을 땐 사슴벌레인 줄 알았어. 집게처럼 생긴 턱이 아주 멋지지. 이 녀석과 비슷한 개체로 가는조롱박먼지벌레가 있단다.

진욱 아저씨, 여기 가로등 밑에 작은 딱정벌레가 뭔가에 밟힌 것 같아요. 납작해요.

새벽들 어디 보자. 오, 이건…… 가만있어 보자, 이건……. 아무래도 좀 밝은 곳에서 사진을 찍어 봐야겠다.

영서 여기도 비슷한 애가 한 마리 있는데, 애도 죽었어요. 바짝 말랐네요.

새벽들 이쪽으로 가지고 오렴. 함께 찍어 보자. 오, 이건 그래, 소똥구리야. 애기뿔소똥구리라는 녀석이지. 자, 여기 뿔 같은 게 보이지? 수컷이란다. 영서가 가지고 온 건 암컷이고. 애기뿔소똥구리는 환경부에서 지정한 멸종위기 종 2급인 곤충이야. 국가에서 지정하여 보호하는 곤충이지.

영서 소똥구리요? 이렇게 작아요?

진욱 아하, 그래서 '애기'라는 낱말을 붙였군요. 소똥구리라면 애도 소똥으로 경단을 만드나요?

애기뿔소똥구리 수컷　　　　　　애기뿔소똥구리 암컷

영서 와, 신기해요. 얘가 진짜로 소똥을 굴려서 경단을 만드는 그 아이예요?

새벽들 너희가 알고 있는 건 '소똥구리'고, 이 녀석은 '애기뿔소똥구리'야. 같은 소똥구리 집안이긴 한데, 이 녀석은 경단을 만들어서 굴리고 다니지 않아. 주로 똥 밑에다 집을 지어 그 속에서 알을 낳거나, 아니면 작은 소똥 경단을 만들어 알을 낳는단다. 경단을 만들기는 해도 굴리면서 다니진 않지. 어디 다시 보자. 애기뿔소똥구리가 틀림없어. 보고 싶은 녀석이었는데 죽은 모습이라 안타깝지만, 이렇게라도 만나니 반갑네.

영서 와, 그럼 아주 귀한 곤충을 만난 거네요. 귀한 곤충도 만났고 풀무치도 만났으니, 자 이제 간식 먹으러 가요. 헤헤.

진욱 여기 나무에 재미있게 생긴 곤충이 있어요. 풍뎅이처럼 생겼는데, 입이 직사각형이에요. 혹시 얘, 풍이 아니에요? 책에서 본 것과 비슷해요.

섬에서 만난 풍이

영서 뭐, 풍이? 그런 이름도 다 있어?

새벽들 풍이가 맞네. 풍뎅이와 비슷하게 생겼지만 조금 달라. 이 녀석은 풍뎅이 무리가 아닌 꽃무지 무리란다. 날아다닐 때 풍뎅이는 딱지날개를 다 열지만 꽃무지는 딱지날개 사이로 뒷날개만 내밀지. 풍이도 그렇게 날거든.

진욱 풍뎅이와 꽃무지가 나는 모습이 달라요? 처음 알았어요. 좀 더 설명해 주세요.

영서 야, 배고픈데, 빨리 가자. 응?

새벽들 그래. 저러다 영서 또 삐친다. 진욱아, 풍뎅이와 꽃무지 이야기는 다음에 하자. 영서 난리 났다, 하하하.

영서 너무너무 아쉬워요. 이렇게 떠나다니. 어제 이 섬에서 잤다는 게 꿈 같아요. 하루만 더 있다 가면 안 될까요, 네?

새벽들 아저씨도 그러고 싶지만 어쩔 수 없어. 다음을 기약할 수밖에……

진욱 아저씨, 여기 좀 보세요.

영서 쟤는 끝까지 관찰이네요. 진짜 못 말리는 호기심 대왕이야.

진욱 여기 모래에 작은 구멍이 있는데 아주 조그만 벌이 들락날락해요. 빨리 와 보세요.

새벽들 어디? 오, 코벌이구나. 구멍벌과에 속하는 대만어리코벌이야. 진욱이 덕분에 신기한 장면을 다 보네.

영서 옆에서 보니까 왜 코벌인 줄 알겠어요. 얼

대만어리코벌

땅딸보메뚜기

등검은메뚜기

굴 가운데가 코처럼 튀어나왔어요. 참 신기한 벌도 다 있네. 구멍을 잘 파서 구멍벌인가요?

진욱 여기 있는 메뚜기는 왜 이렇게 몸이 짧아요? 보통 메뚜기들보다 좀 짧은 것 같아요.

새벽들 진욱이가 잘 봤네. 땅딸보메뚜기란다. 언뜻 보면 등검은메뚜기와 비슷하지만 몸이 훨씬 더 짧고 뚱뚱하지. 진욱이 덕분에 또 새로운 녀석을 보는걸? 하하.

영서 아저씨, 저기 배가 와요. 우리 저 배, 타야 잖아요? 빨리 가요. 이러다 배 놓치겠어요.

새벽들 그래, 빨리 가자. 이러다 정말 배 놓치겠다, 하하.

배와 섬

새벽들 아저씨 연구실 마당과 뒷산에서

좀말벌 여왕벌이 만든 집

새벽들 어서들 와라. 일주일 만에 보니까 더 반갑네, 하하. 잘들 지냈니?

영서 아저씨도 더 멋져 보여요, 후후.

진욱 어, 저기 고양이가! 아저씨, 아저씨가 쳐 놓은 등화 관찰 천에 아기 고양이가 왔어요. 우구구, 귀여워라.

등화 관찰, 고양이

말벌

영서 어디? 와, 귀엽다. 두 마리나 있네. 아저씨가 키우시는 거예요?

새벽들 아니. 가끔씩 먹이를 주었더니 이제 스스럼없이 드나드네. 길고양인데, 태어난 지 얼마 안 된 녀석이야. 귀엽지?

영서 어, 조심해! 아저씨, 저기 말벌이 있어요. 저기 보세요.

새벽들 오, 말벌이구나. 조심해라. 가까이 가면 쏘일 수 있어.

진욱 말벌이 등불에 모이는 줄 몰랐어요. 조심해야겠어요.

영서 어, 저기도 있어요. 저기 천에요. 으~~ 무서워.

새벽들 건드리지 않으면 괜찮으니까 너무 겁내지 마. 조심하면 돼.

진욱 말벌을 이렇게 가까이에서 보기는 처음이에요. 줄무늬가 독특해요. 노란색도 있고 붉은 갈색도 있고.

새벽들 진욱이가 제대로 봤구나. 말벌은 이유 없이 먼저 침을 쏘지 않아. 우리가 먼저 건드리지만 않으면 괜찮아. 그래도 조심해야겠지?

영서 저기도 말벌이 또 있어요. 어, 색이 좀 달라요. 배가 검은색이에요.

새벽들 어디? 오, 녀석은 검정말벌이구나. 얼굴은 붉은 갈색이지만 배가 검은색이라서 붙인 이름이란다.

진욱 검정말벌도 있어요? 처음 봐요.

새벽들 말벌이라는 이름이 있는 곤충이 생각보다 많아. 구별하기도 쉽지 않고, 저 검정말벌은 생태가 독특하기로 유명하지. 보통 말벌은 여왕벌이 집을 짓는데, 저 검정말벌 여왕벌은 자신이 집을 짓지 않고 황말벌이나 털보말벌 집에 침입해서 그 집 여왕벌을 물어 죽이고 그 집을 차지한다고 해.

영서 에이, 순 얌체네요. 한 대 때려줄까?

새벽들 아서라. 그러다 쏘이면 엄청 아플걸?

진욱 쏘이면 어떻게 되나요?

새벽들 건강한 사람이 말벌에 쏘이면 쓰라리고 퉁퉁 붓다가 조금 지나면 괜찮아지지만, 면역력이 떨어지는 사람은 목숨을 잃기도 하지. 그러니까 항상 조심해야 돼.

검정말벌

진욱 말벌들은 축구공처럼 생긴 집을 만들죠? 어떤 집은 농구공처럼 크더라고요. 말벌들은 모두 그렇게 집을 짓나요?

새벽들 모든 말벌이 그런 집을 짓지는 않아. 땅 속에 짓기도 하고 바위틈에 짓기도 하지. 주로 털보말벌이나 황말벌이 축구공처럼 둥글게 집을 짓지.

영서 안에는 어떻게 생겼어요? 보신 적 있으세요?

새벽들 한 번 본 적이 있지. 활동하는 말벌 집이 아니라 빈 말벌 집이었어. 안이 독특하게 생겼더구나. 미처 날개돋이를 하지 못한 벌들이 죽어 있었지. 그런 벌들은 개미 먹이가 된단다. 축구공처럼 생긴 말벌 집도 크기나 모양이 여러 가지야. 짓는 곳도 다양해서 절집 처마 밑이나 나무에 매달려 있기도 하지. 심지어 버려진 긴 의자 밑에도 짓던걸.

영서 여기 꿀벌이 있어요! 말벌만 보다가 얘를 보니까 귀엽네요.

진욱 그래도 조심해. 쏘이면 엄청 아파.

새벽들 맞아, 조심해라. 특히 꿀벌은 침을 쏠 때 자기 목숨을 버릴 각오로 쏘니까 건드리지 마라.

영서 무슨 뜻이에요?

진욱 꿀벌은 침과 내장이 연결되어 있어서 침을 쏘면 배가 찢어져서 죽어. 말벌은 꿀벌과 달리 여러 번 침을 쏠 수 있지.

새벽들 오호, 진욱이가 제대로 알고 있네. 그리고 암컷만 쏜다는 것도 알지?

영서 에이, 그건 저도 알아요. 침은 산란관이 변한 거잖아요. 그러니까 암컷에게만 침이 있죠. 맞죠?

새벽들 영서도 잘 알고 있네, 하하.

진욱 어, 아저씨, 이 꿀벌은 색이 좀 달라요. 검은색이네요. 밤이라서 그런가?

말벌류 집 내부
(버려진 집)

여러 곳에 지은 말벌 종류의 집

좀말벌의 집짓기

꽃가루를 모으는 재래꿀벌

토종꿀벌이라고도 하는 재래꿀벌

재래꿀벌 집

새벽들 재래꿀벌이구나. 토종꿀벌이라고도 해. 진욱이 말대로 몸이 검은색이지. 이와 달리 우리가 자주 보는 꿀벌, 그러니까 서양꿀벌이라고도 하는 양봉꿀벌은 몸이 노란색이란다. 재래꿀벌이 조금 작아.

영서 아저씨, 저기도 벌이 있어요! 으~ 여긴 왜 이렇게 벌이 많죠? 좀 무서워요.

새벽들 아저씨도 그래. 등화 관찰을 할 때 가끔

서양꿀벌이라고도 하는 양봉꿀벌

벌이 찾아오기도 하니까. 건드리지 않으면 괜찮으니까 너무 무서워하지 마.

진욱 이거 땅벌 아니에요? 몸에 노란 줄무늬가 있는 벌이요.

새벽들 잠깐, 음, 땅벌보다는…… 참땅벌이지 싶다.

진욱 참땅벌도 있어요?

새벽들 둘이 비슷하지만 자세히 보면 노란 줄무늬가 조금 달라. 참땅벌이 더 넓지. 오, 저기 봐! 저기 있는 게 땅벌이란다. 비슷하지만 땅벌의 줄무늬가 더 가늘지?

진욱 정말 그렇네요. 더 자세히 살펴보고 싶지만 가까이 가긴 싫어요. 쏘이면 어떡해요?

새벽들 그래. 이 정도에서 관찰하는 게 좋겠다. 아저씨가 사진기로 찍어서 보여줄게.

영서 와, 털이 엄청 많아요. 사진으로 보니까 완전히 다른걸요? 어, 더듬이 길이도 달라요. 몸에 털이 많은 아이 더듬이가 더 길어요.

새벽들 와, 영서가 제대로 관찰하는걸? 맞아, 영서 말대로 몸에 털이 많은 녀석 더듬이가 더 길어. 바로 수컷이란다.

영서 수컷은 털보네요. 더듬이도 더 길고.

산제비나비 번데기

참땅벌 암컷이 애벌레에게 먹이려고 산제비나비 번데기로 경단을 만들고 있다.

노란색 줄무늬가
땅벌보다 더 넓다.

새벽들 맞아. 우리가 자주 보는 벌이야. 산에서 음료수를 마시다가 놔두면 우르르 모여 드는 녀석들이란다. 너희도 들었을지 모르겠는데, 어른들이 땡삐나 땡벌이라고 부르는 녀석이 바로 이 땅벌이야. 참땅벌은 우리나라 고유종이라 학명에 우리나라 이름이 포함되지.

(참땅벌의 학명 *Vespula koreensis*)

영서 여기도 벌이 있어요. 등화 천에도 있고,

참땅벌

땅벌 수컷 암컷보다 털이 더 많고 더듬이가 더 길다.

땅벌 암컷

105

풀잎 위에도 있네요. 풀잎 위에 있는 벌은 애벌레를 먹고 있어요. 으~ 징그러워. 아저씨 마당에는 벌이 정말 많아요.

진욱 땅벌처럼 몸에 줄무늬가 있는데 좀 더 커요. 다리도 길고요.

새벽들 왕바다리란다.

영서 왕, 뭐라고요?

새벽들 왕바다리! 우리나라 고유종인 쌍살벌이야.

영서 이름이 이상해요.

새벽들 쌍살벌이란 이름은 이 벌이 두 앞다리를 죽 늘어뜨리고 날아다니는데, 그 모습이 마치 화살 두 개가 나란히 있는 것처럼 보여서 쌍(2개)살(화살)벌이라고 하지. 바다리란 말은 쌍살벌의 우리말이란다.

진욱 바다리와 쌍살벌이 같은 말이었네요. 그럼 이 벌도 우리나라 고유종인가요?

새벽들 그렇지. 왕바다리도 우리나라 고유종 쌍살벌이야.

(왕바다리 학명 *Polistes rothneyi koreanus*)

영서 아저씨, 여기 좀 보세요. 여기 더듬이가 긴 곤충이 있는데, 처음 봐요. 이름이 뭐예요?

새벽들 그 녀석도 벌이란다.

영서 벌이라고요? 이게요? 완전 다르게 생겼는데요.

새벽들 맵시벌 무리에 속하는 단색자루맵시벌이라고 하지.

영서 얘도 쏘나요?

새벽들 그 녀석은 쏘지 못해. 주로 다른 동물 몸속이나 표면에 알을 낳아 기생생활을 하는 벌이지. 벌 중에서 침이 있는 벌을 침벌류라 하고, 맵시벌처럼 다른 동물에 기생하는 벌을 기생벌류라고 한단다. 기생벌에 속하는 벌은 쏘지 못해. 침벌은 당연히 쏘고. 우리가 봤던 말

왕바다리

애벌레를 사냥하는 왕바다리

단색자루맵시벌   마쓰무라자루맵시벌   줄뭉툭맵시벌

벌, 쌍살벌, 꿀벌 같은 아이들은 침벌에 속하지.

영서 신기한 벌도 다 있네요.

진욱 얘들도 맵시벌인가요? 생김새는 비슷한데 무늬가 좀 달라요.

새벽들 오, 모두 맵시벌에 속하는 벌이구나. 단색자루맵시벌, 마쓰무라자루맵시벌과 줄뭉툭맵시벌이지.

영서 우, 이름이 너무 어려워서 따라 부르기도 힘들어요.

새벽들 사실 아저씨도 그래. 우리나라에 사는 맵시벌만 무려 500종이 넘는다고 하니까 이름을 다 불러 주긴 힘들 거야. 그냥 이렇게 생긴 벌이 맵시벌이구나 하고 생각하렴.

진욱 다른 곤충에 알을 낳는 벌이 또 있지 않아요? 나나니라고 책에서 본 것 같은데……. 작은 구멍을 뚫고 그 속으로 애벌레를 물고 가더라고요.

새벽들 오, 진욱이가 나나니를 알고 있구나. 맞아, 나나니도 애벌레 몸에 알을 낳지. 아저씨도 어미 나나니가 애벌레를 물고 자기가 파 놓은 구멍으로 끌고 가는 걸 봤어. 아저씨는 당연히 애벌레를 구멍에 완전히 넣은 뒤 애벌레 몸속에 알을 낳을 거라고 생각했는데 그게 아니더라. 신기하게 어미 나나니는 애벌레를 구멍 근처까지 끌고 와서 구멍에 넣기 전에 알을 낳더구나.

영서 알을 낳는다는 걸 어떻게 아셨어요?

새벽들 나나니 같은 벌들은 허리가 아주 잘록하지. 그건 배 끝을 자유롭게 구부릴 수 있다는 뜻이기도 해. 어미 나나니가 애벌레 몸에 자신의 배 끝을, 정확하게는 산란관이지. 이 산란관을 구부려 붙이는 순간이 바로 알을 낳는 때야.

애벌레에 알을 낳고 구멍 속에 넣는 나나니

나나니벌, 구멍벌과

날개돋이에 실패한 보석나나니 날개가 다 펴지지 않았다. 청록색이 신비로운 나나니벌이다.

진욱 여기에 신기한 아이가 있어요. 몸은 검은색인데 머리가 빨간색이네요.

새벽들 그 녀석도 벌이지.

진욱 네? 이렇게 생긴 작은 벌도 있어요?

새벽들 원시적인 벌이야. 잎벌이라고 하는데 우리가 아는 보통 벌과 가장 큰 차이는 바로 허리 부분이란다. 다른 벌들은 허리가 잘록하지? 이 녀석은 허리 부분이 밋밋해. 벌은 크게 잎벌 무리와 벌 무리로 나누는데, 이렇게 허리가 밋밋하고 납작한 벌을 잎벌이라고 한단다. 아까 말한 것처럼 벌 무리는 다시 침벌류와 기생벌류로 나뉘지. 잎벌 무리에 속한 벌들은 원시적인 벌에 속해.

영서 잎벌이라…… 그럼 잎을 먹나요?

새벽들 애벌레가 잎을 먹어. 우리가 아는 여느 벌들의 애벌레는 보통 벌집이라는 집 안에서 살잖니? 그런데 잎벌의 애벌레들은 나뭇잎 위에 무리 지어 살아. 언뜻 나방 애벌레처럼 보이기도 하지. 좀 더 자세히 관찰하면 배다리 수가 다른 걸 알 수 있어. 나방은 밤나방 애벌레처럼 배다리가 보통 4쌍인데, 잎벌의 애벌레는 배다리가 6~8쌍이란다.

진욱 그럼 얘도 잎벌인가요? 여기요. 무늬는 다르지만 생김새가 비슷해요.

새벽들 맞아, 그 녀석도 잎벌이야. 아까 본 녀석은 홍가슴루리등에잎벌이고, 지금 이 녀석은 황종아리검정잎벌과 비슷한데 정확한 건 자료를 더 찾아봐야겠구나. 우리나라에 살고 있는 잎벌만 해도 90종이 넘는다고 알려졌거든. 신기한 것은 이 잎벌의 애벌레가 기생당한다는 거야.

진욱 기생이요? 누가 이 잎벌 애벌레에 알을 낳는데요?

홍가슴루리등에잎벌   황종아리검정잎벌(추정)

흰입술무잎벌

흰입술무잎벌 애벌레 배다리가 나방 애벌레보다 많다.

넓적다리잎벌 애벌레에 알을 낳고 있는 어리알락맵시벌

새벽들 가끔 산에서 보이는 맵시벌이 이 잎벌의 애벌레에 알을 낳지. 같은 벌이면서 기생하거나 기생당하기도 해.

진욱 참 신기한 벌들의 세계예요. 아저씨 연구실 마당에서 잠깐 봤는데도 처음 보는 벌이 엄청 많아요. 지금까지 무섭다는 생각에 벌은 별로 관심이 없었거든요. 이젠 벌이 더 보고 싶어요.

영서 으~ 역시 호기심 대왕. 그래도 난 무서워.

새벽들 그럼 영서는 여기서 고양이들과 놀고, 우린 뒷산으로 가자, 벌 관찰하러!

영서 좀 무섭다는 거잖아요. 같이 가요! 건드리지만 않으면 괜찮다고 하셨죠? 그 말 믿고 갈게요. 자, 벌 탐험대 출발!

새벽들 좋아, 출발!

진욱 어, 저거 벌집 아니에요? 저기 연구실 지붕 아래요.

영서 어디? 맞아, 벌집이다. 으~ 무서워. 빨리 가요, 아저씨.

새벽들 영서가 무서워해서 아무 말 안 하고 그냥 가려고 했는데, 진욱이가 용케 찾았구나. 사실 아저씨가 봄부터 관찰하는 벌집이야. 왕바다리집이지.

진욱 왕바다리라면 우리나라 고유종이라는 쌍살벌요?

새벽들 맞아, 잘 기억하고 있구나, 하하. 저기 보이는 녀석들은 모두 일벌이란다. 암컷들이지.

영서 수컷은 없어요?

새벽들 지금은 없어. 쌍살벌은 봄에 겨울잠에서 깨어난 여왕벌이 왕국을 만들면서 군집생활을 시작해. 봄에 집을 짓고 방 한 칸마다 길쭉한 알을 하나씩 낳지. 그 알에서 깨어난 벌들은 모두 암벌로 일벌이야. 이 일벌들이 여왕벌을 도와 집을 늘리고 애벌레를 돌보지. 그때부터 일벌들은 일을 하고 여왕벌은 알만 낳는단다. 그러다가 여름이 지날 무렵 여왕벌이 낳은 알에서 암벌과 수벌이 태어나지. 이들이 가을부

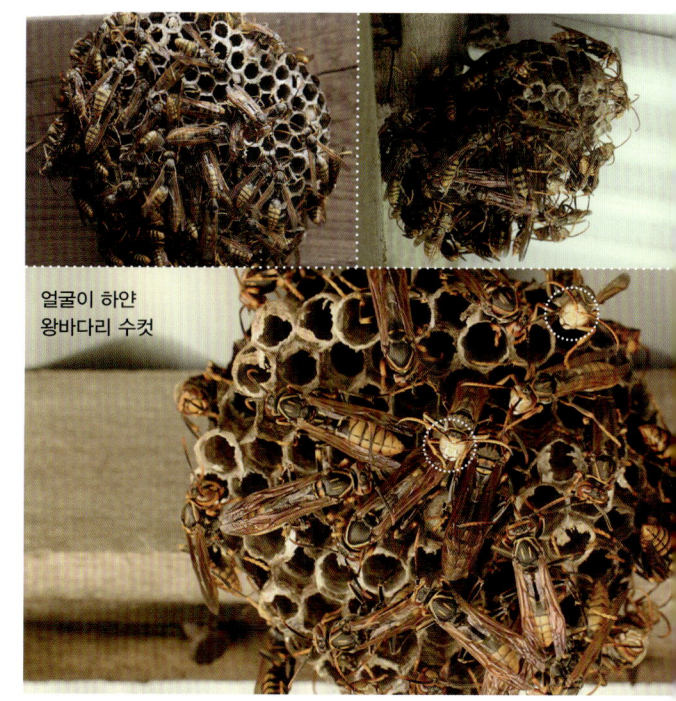

얼굴이 하얀 왕바다리 수컷

왕바다리 집

왕바다리 여왕벌과 알

모여 있는 왕바다리 수컷

왕바다리 암수

겨울잠을 자고 있는 왕바다리 내년 봄에 여왕벌이 될 암벌들이다.

터 짝짓기를 하고, 짝짓기 후에 수벌은 죽어. 짝짓기에 성공한 암벌들, 곧 내년에 여왕벌이 될 암벌들은 나무 밑이나 적당한 곳을 찾아서 겨울잠을 잔단다. 이듬해 봄에 겨울잠에서 깨어난 암벌들이 흩어져서 각자의 왕국을 만들고 여왕벌이 되지.

진욱 그럼 조금 있으면 수벌들도 보이겠네요.

새벽들 그렇지. 가을쯤에 보이는 수벌을 손으로 잡으면 쏘는 흉내만 낼 뿐이야. 침이 없으니까. 영서는 그때 와서 만져 보면 되겠네, 하하.

영서 으~. 그나저나 암벌과 수벌을 어떻게 구별해요? 알아야 만져 보죠.

새벽들 가을에 모여 있는 벌들 가운데 유난히 얼굴이 하얀 녀석들이 바로 수벌이란다. 자세히 보면 이마에 있는 육각형 모양도 암수가 달라. 이마의 육각형 모양이 진하면서 정육각형이면 암벌이고, 하얀색을 띠면서 길쭉한 육각형이면 수벌이지. 저기 나무 위를 봐라. 수액이 흐른 곳 있지? 말벌 한 마리가 보이니? 혹시 모르니까 조용히 돌아서 가자.

진욱 와, 정말 말벌이네요. 무슨 말벌이에요? 혹시 장수말벌 아니에요?

새벽들 털보말벌 같기는 한데, 등에 무늬가 안 보여서 잘 모르겠어. 크기로 봐선 장수말벌은 아닌 것 같구나. 장수말벌은 생각보다 크거든.

영서 말벌도 나무 수액에 모여요?

새벽들 그래, 녀석들도 수액을 즐겨 먹지. 밤에

수액을 먹고 있는 말벌류

장수말벌

수액이 흐르는 나무로 찾아가면 여러 곤충들을 볼 수 있단다. 자, 조심조심 돌아서 가자.

영서 휴, 무서워서 숨도 못 쉬고 왔어요. 으악~ 여기도 말벌이 있어요! 장수말벌인가요?

진욱 어디? 와! 줄무늬가 멋져요.

새벽들 어디 보자. 오, 꼬마장수말벌이구나. 진욱이 말대로 줄무늬가 멋지지. 장수말벌보다 작고 배에 있는 줄무늬 색이 달라서 구별되지.

진욱 장수말벌에 꼬마장수말벌도 있군요.

영서 무섭기는 하지만, 꼬마라니까 왠지 귀여워요, 후후. 쟤도 겨울잠을 자겠죠? 어디서 자요?

새벽들 주로 썩은 나무에 방을 만들고 잠을 잔단다. 지금은 좀 무섭게 보여도 잠자는 모습은 아주 예뻐. 좀말벌도 가끔 보이는데 녀석도 나무 속에서 겨울잠을 자지. 진짜로 잠자는 숲속의 공주들이야, 아니 여왕인가? 하하하.

진욱 아저씨, 저기 보세요. 저기 나뭇가지에 벌

꼬마장수말벌 장수말벌과 달리 배마디 앞쪽은 적갈색이고 끝은 검은색이다.

겨울잠을 자는 꼬마장수말벌

겨울잠을 자고 있는 좀말벌

한 마리가 있어요. 같이 가 봐요.

영서 얘는 완전 털본데요. 온몸에 털이 엄청 많아요.

새벽들 그래서 이름도 털보말벌이란다. 이름과 잘 어울리지?

영서 그렇네요. 이 벌은 절대 안 잊어버릴 것 같아요. 털북숭이 털보, 털보말벌, 헤헤.

새벽들 그나마 말벌 중에서 좀 쉽게 구별되는 종이란다. 온몸에 털이 많은 털보는 털보말벌, 하하. 낮에도 털이 보여 쉽게 이름을 불러 줄 수 있는 녀석이지. 얘들아, 저기 봐라. 저기도

온몸에 털이 많은 털보말벌

털보말벌 얼굴

낮에 본 털보말벌

검정말벌

새벽들 맞아. 너흰 아저씨 말을 잘 기억하고 있구나, 하하.

영서 그럼 이 시점에서 우리 좀 쉬어 가면 어떨까요? 엄마가 간식도 싸 주셨는데.

새벽들 저런, 애 많이 쓰셨네. 당연히 먹어야지. 왜 진작 말 안 했니? 자, 빨리 먹자. 하하.

진욱 역시 밤 숲에서 먹는 간식이 최고라니까! 잘 먹었습니다, 헤헤.

영서 어, 그런데 저거, 아저씨 저거…… 뱀 허물 같은데 거기에 벌들이 모여 있어요.

새벽들 뱀허물쌍살벌이라는 벌이란다. 영서가 뱀 허물이라고 한 것은 애벌레가 사는 집이야. 집이 뱀 허물처럼 생겨서 붙인 이름이지. 저 녀

말벌 한 마리가 있구나.

진욱 어디요? 아하, 저 벌이요? 전 저 벌 이름 알아요, 헤헤.

영서 저도요. 저도 저 벌 이름쯤은 알아요. 바로바로 검정말벌! 맞죠?

뱀 허물처럼 생긴 뱀허물쌍살벌의 집

뱀허물쌍살벌의 집짓기

석들도 말벌에 속해. 말벌 중에서 허리가, 다시 말해 배의 첫 번째 마디가 자루처럼 생긴 무리를 따로 모아 쌍살벌이라고 하는데 아까 봤던 왕바다리도 쌍살벌에 속하지. 지금 보고 있는 녀석들도 쌍살벌에 속하고.

영서 신기한 집도 다 있네요. 쟤들은 처음부터 저렇게 집을 길게 짓나요?

새벽들 처음에는 방 하나에서 시작하지. 나뭇잎이나 가지에 집을 단단하게 고정시키는 기둥을 먼저 만들고 그다음에 방을 만들어. 방이 완성되면 희고 길쭉한 알을 하나 낳고, 이런 식으로 계속 방을 늘리면서 알을 낳는단다. 그 이후 한살이는 왕바다리와 비슷해.

진욱 저기도 잔뜩 모여 있어요. 진짜 많아요. 보기만 해도 으스스해요.

영서 와, 진짜 으스스하다. 쟤들도 뱀허물쌍살

큰뱀허물쌍살벌 집과 어른벌레

얼굴에 펜촉 무늬가 없다.

큰뱀허물쌍살벌의 집짓기

큰뱀허물쌍살벌의 둥근 집

벌집에 고인 물을 물어다 버리는 큰뱀허물쌍살벌

벌이에요? 어, 집이 뱀 허물처럼 길지 않고 동그래요.

새벽들 영서가 잘 봤구나. 뱀허물쌍살벌이 맞긴 한데, 방금 전에 본 녀석들과 조금 달라. 이름은 큰뱀허물쌍살벌이야. 어른벌레 무늬도 조금 다르고 집 모양도 다르지. 어때? 집이 길지 않고 영서 말대로 둥글지? 쌍살벌들은 애벌레를 끔찍이 돌본다고 알려졌단다. 더울 땐 날개로 부채질해주고. 비가 와서 집에 물이 고이면 입으로 일일이 물어다 버리거든.

영서 이건 뭐예요? 여기 대롱대롱 매달려 있는 게 작고 예뻐요.

새벽들 어디 보자. 음, 이건 맵시벌이 만든 고치구나.

진욱 맵시벌 고치요? 아까 아저씨 집 마당에서 봤던 그 맵시벌이요?

새벽들 그래. 하지만 어떤 맵시벌이 만든 건지는 정확하게 모르겠다. 아까도 말했지만 우리나라에 사는 맵시벌이 500종도 넘어 다 알기가 힘들거든. 아저씨도 궁금해서 키우기도 했는데 쉽지 않더구나. 어떤 때는 맵시벌이 나오지만 어떤 때는 기생벌이 나오기도 해. 맵시벌이 나오더라도 무슨 맵시벌인지 이름 찾기도 힘들고.

진욱 네? 무슨 말씀이세요? 맵시벌 고치에서 왜 기생벌이 나오는데요?

새벽들 맵시벌도 기생벌에 속하지만 신기하게 맵시벌에 기생하는 벌도 있지. 그래서 맵시벌 고치에서 맵시벌이 아니라 기생벌이 나오기도 해. 비슷비슷한 맵시벌이 너무 많아 이름 부르기가 만만치 않아. 이름을 아는 녀석도 자신 있게 이 녀석 이름은 뭐다 하고 확신하기가 힘들지. 아무튼 이런 녀석들이 맵시벌이구나 정도로만 알아두렴.

맵시벌 종류가 만든 고치

고치에서 나온 맵시벌 종류

고치에서 나온 맵시벌 종류

노랑띠뭉툭맵시벌의 고치와 거기서 나온 기생벌

누런발목맵시벌 　　　　　　　　　　　당홍맵시벌

두색맵시벌　　　　　　마쓰무라맵시벌　　　　　거무튀튀꼬리납작맵시벌

단색자루맵시벌

은재주나방 애벌레 몸에 단색자루맵시벌 암컷이 알을 낳는다. 그 알에서 깨고 나온 단색자루맵시벌 애벌레는 은재주나방 애벌레 몸속에서 기생하며 성장하다가 은재주나방이 번데기를 만들 때 자신도 번데기를 만든다. 나방 번데기 속에서 번데기로 지내다가 날개돋이를 한 후 나방 번데기를 뚫고 나오는 대표적인 기생벌이다.

은재주나방애벌레 기생벌이 이미 알을 낳은 상태다.

은재주나방 고치

이름을 모르는 맵시벌 종류

진욱 와, 맵시벌이 정말 많아요. 저렇게 생긴 벌이 500종이 넘는다는 말씀이죠? 이름은 다 몰라도 신기해요. 저런 벌이 우리 주변에 산다니……, 놀라워요.

영서 오늘 처음 맵시벌이란 이름을 알았는데 500종이 넘는다니 입이 다물어지지 않네요.

진욱 어, 저기 애벌레가 있어요. 거미줄 같은 곳에 들어 있어요. 누구 애벌레예요? 나방이겠죠?

영서 잠깐, 배다리를 세어 보자고! 자나방인지, 밤나방인지…….

진욱 어, 배다리가 많아요. 그럼 혹시 잎벌 애벌레?

새벽들 정답! 역시 대단들 하구나, 하하. 황갈

무리잎벌 애벌레란다. 잎벌도 종류가 워낙 많아 이름 불러 주기가 만만치 않아. 우리나라에 90종가량이 산다는데 아저씨가 아는 건 몇몇 종뿐이야. 자세하게 알려주면 좋겠지만 아저씨가 아는 것은 여기까지!

황갈무리잎벌 애벌레

개나리잎벌 알

개나리잎벌 애벌레

현무잎벌류 애벌레 백당나무 잎을 먹고 있다.

끝루리등에잎벌 애벌레

루리번데기잎벌 애벌레　　　　　　　　　　　좀검정잎벌 애벌레

홍허리잎벌 애벌레

홍가슴루리등에잎벌 애벌레

구리수중다리잎벌

배수중다리잎벌

극동등에잎벌

장미등에잎벌

황갈테두리잎벌

잣나무납작잎벌

조선잎벌

왜무잎벌

영서 아니에요. 이미 저희들은 넘치도록 배웠어요. 헤헤. 더 이상은 무리죠. 저는 벌이 꿀벌, 말벌 같은 벌만 있는 줄 알았는데 온갖 벌이 다 있네요. 맵시벌, 잎벌, 기생벌……. 어휴, 정신없어.

진욱 벌의 세계도 무궁무진하네요. 전 나중에 벌 연구에 꼭 도전해 보고 싶어요. 헤헤. 또 어떤 벌들이 있나요?

새벽들 와, 진욱이가 새로운 벌 세계를 열겠구나. 기대가 되는걸! 하하. 그 밖에도 송곳벌, 고치벌, 말총벌도 있고…… 혹벌도 있단다. 이런 벌들은 모두 기생벌에 속하고 침벌들과 달리 사람을 쏘진 못해. 송곳벌들은 애벌레가 나무 줄기 속에서 나무를 파먹으며 산다고 알려져 있어. 고치벌 애벌레는 다른 곤충의 몸에서 기생한다고 알려져 있고. 산란관이 엄청 긴 말총

구주목대장송곳벌

붉은머리어리목대장송곳벌

말총벌

중국고치벌

우리나라에서 산란관이 가장 긴
말총벌(암컷)

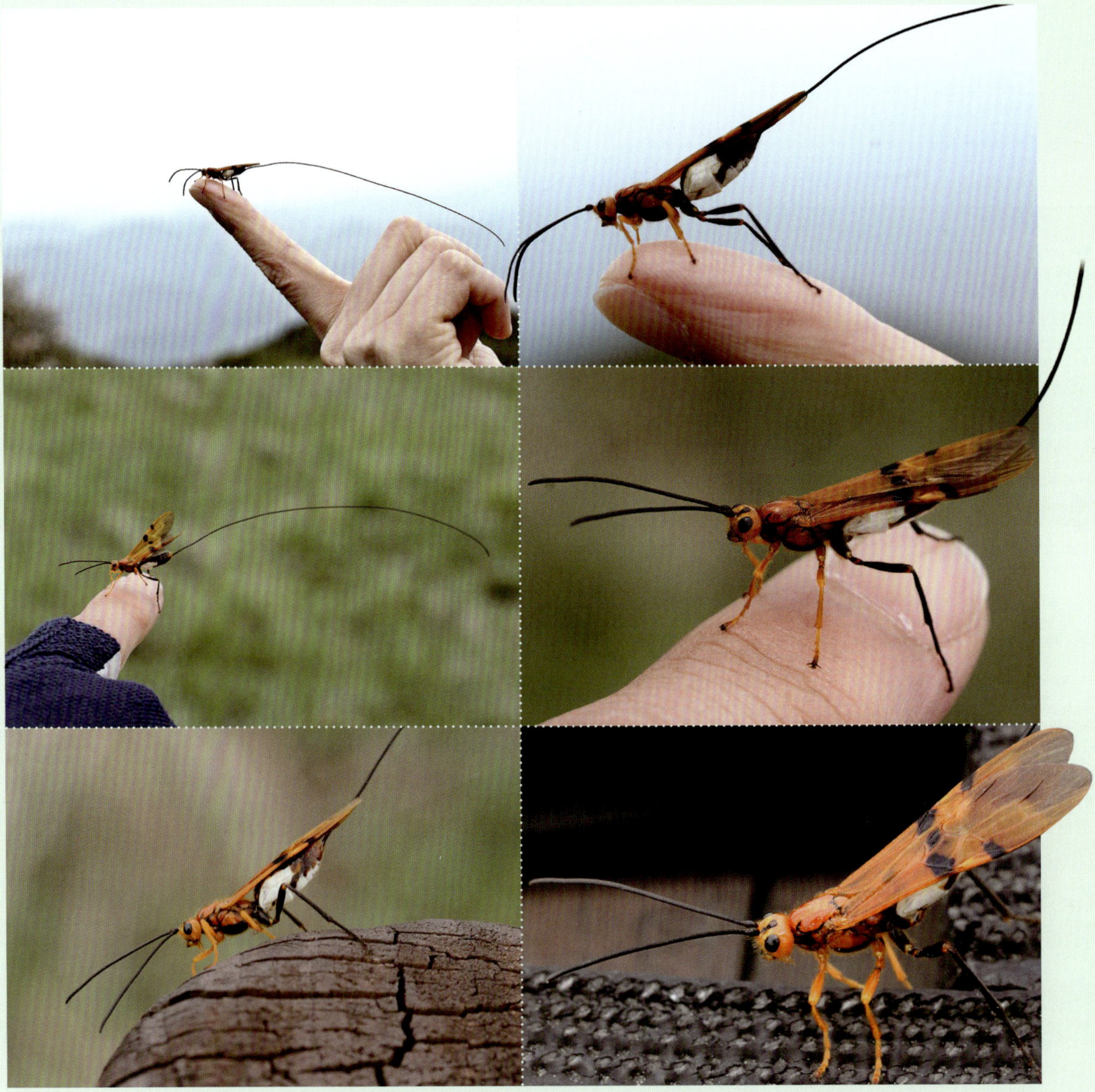

고치벌 종류

참나무 겨울눈에 알을 낳는 혹벌 종류

어리상수리혹벌이 만든 혹(식물 혹)

벌은 밤나무에 사는 흰점박이하늘소 애벌레 몸에 기생한다고 알려져 있지. 식물 혹을 만드는 혹벌들도 있어. 이번 기회에 함께 알아두면 좋겠지?

영서 이렇게나 벌이 많아요? 안 쏘는 벌이 이 정도면 쏘는 벌은 더 많겠네요? 사실 벌에 쏘일까 무서워서 좀 싫었는데 안 쏘는 벌은 나름 예쁜 것 같아요. 잘 기억했다가 다음에 만나면 반가운 척이라도 해야겠어요.

진욱 그럼 침으로 쏘는 벌 종류에는 어떤 게 있나요?

등빨간갈고리벌

새벽들 침으로 쏘는 벌들을 보통 침벌이라고 하지. 우리가 아까 봤던 녀석들, 말벌이나 쌍살벌, 꿀벌이 대표적이야. 말벌, 쌍살벌 이렇게 간

단하게 얘기하지만 사실 말벌이나 쌍살벌에도 종류가 많아. 쌍살벌만 해도 별쌍살벌, 어리별쌍살벌, 두눈박이쌍살벌 등 우리 주변에서 볼 수 있는 녀석들이 제법 되지.

쏘는 벌은 크게 말벌류와 꿀벌류로 나뉜단다. 말벌류에는 굼벵이벌, 개미벌, 배벌, 대모벌, 호리병벌과 말벌, 쌍살벌이 있어. 꿀벌류에는 꿀벌, 가위벌, 뒤영벌, 호박벌 등이 있지. 종수도 많고 복잡해서 다 알긴 어려울 거야. 그래도 우리 주변에 이런 벌이 사는구나, 관심을 가지면 좋겠지? 벌은 생태계에서 없어서는 안 될 아주 소중한 곤충이거든. 만약 벌이 사라지면 꽃과 열매를 제대로 볼 수 없을 거야. 물론 맛있게 먹는 과일도 많이 사라질 테지.

두눈박이쌍살벌

별쌍살벌

어리별쌍살벌

침벌류 말벌상과에 속하는 벌

굼벵이벌, 개미벌, 배벌, 대모벌, 호리병벌, 말벌, 쌍살벌 등

구주개미벌

호리병벌류

애배벌

어리줄배벌

왕무늬대모벌

애호리병벌과 집

침벌류 꿀벌상과에 속하는 벌

꿀벌, 가위벌, 뒤영벌, 호박벌, 꽃벌 등

가위벌 종류 수도꼭지 속에 집을 만들었다.

장미가위벌이 애벌레를 키울 때 쓰려고 가위로 오린 것처럼 잎을 오려냈다

좀뒤영벌 암컷

좀뒤영벌 수컷

우수리뒤영벌

어리호박벌

호박벌 암컷(왼쪽)과 수컷   청띠꼬마꽃벌

일본광채꽃벌   루리알락꽃벌

네가시알락꽃벌   홍배꼬마꽃벌

털보애꽃벌   구리꼬마꽃벌

침벌류 청벌상과에 속하는 벌

침벌류이지만 호리병벌 집이나 쐐기나방 고치에 기생

청벌류

청벌류의 침

줄육니청벌

진욱 아저씨, 여기 좀 보세요! 개미가 엄청 많은데 등에, 아니 가슴에 가시가 있어요. 와, 멋져요.

영서 어디? 와, 정말이네. 허리(배자루마디)에 가시가 갈고리 같네~.

새벽들 가시개미란다. 너희 말대로 가시가 특징이지.

진욱 참 신기한 개미도 다 있네요. 아저씨, 개미는 어디에 속하죠?

새벽들 개미는 벌 무리에 속한단다. 벌과 개미의 특징이 잘록한 허리지? 그래서 개미도 벌 무리에 속해.

영서 개미와 벌이 같은 집안이라고요? 몰랐어요. 그러고 보니 둘 다 허리가 잘록하네요.

진욱 여기에 다른 개미가 있어요. 엄청 커요. 왕개미예요.

영서 여기도 있어요. 개미 얘기를 하니까 개미가 자꾸 보이네요. 헤헤.

새벽들 개미는 생각보다 종류가 많고 구별하기도 어려워. 왕개미처럼 큰 개미도 있지만 너무

가시개미

일본왕개미

흑색패인왕개미

갈색발왕개미   털왕개미

이토왕개미

작아서 돋보기로 봐야 하는 개미도 있지. 우리나라에 180종가량이 산다니까 개미도 이름 불러 주기가 만만치 않아.

진욱 여기 보세요. 돌을 들췄더니 개미가 엄청 많아요. 까만색이 아니라 갈색이네요.

영서 정말이네. 어, 머리가 엄청 큰 개미도 있어요. 왕머리개민가?

새벽들 어디? 극동혹개미구나. 머리가 큰 녀석

극동흑개미 동그라미 친 개체는 병정개미

은 병정개미이고, 그 옆에 작은 녀석들은 일개미란다. 갑자기 돌을 들춰서 놀랐나 보다. 자, 원래대로 해주자.

진욱 여기도 작은 개미가 있어요. 어, 애벌레를 물고 가는데 애벌레가 엄청 커요. 물고 가는 개미보다 더 큰데요? 여왕개미도 보이고요. 이쪽으로 와 보세요.

새벽들 주름개미구나. 머리와 가슴에 세로 주

주름개미

름이 있어서 붙인 이름이지. 우리 주변에서 쉽게 보이는 개미란다. 일개미보다 더 큰 애벌레는 앞으로 여왕개미가 될 거란다. 여왕개미가 크니까 애벌레도 엄청 크구나.

영서 일개미도 독특하게 생겼어요. 머리가 커서 짱구 같아요, 헤헤.

새벽들 정말 그렇구나, 하하.

진욱 여기 있는 이 개미는 생김새가 독특해요.

영서 세상에, 엉덩이가 하트 모양이네. 정말 신기하다.

진욱 여기도 개미들이 있는데 애벌레를 물고 가요. 모두 비슷비슷해요.

새벽들 어디 보자. 음, 정말 하트 모양이구나, 하하. 검정꼬리치레개미라는 녀석이야. 배 끝이 하트 모양이라 귀엽지? 애벌레에 몰려든 개미는 민냄새개미와 곰개미야. 아저씨도 이름 정도만 알 뿐, 세세한 부분까진 알지 못해. 그냥 이런 이름의 개미들이 우리 주변에 사는구나 하고 생각해 주렴.

영서 전 개미와 벌이 같은 집안이란 걸 안 것만으로도 충분해요, 후후.

진욱 조금만 관심을 기울이면 이렇게 많은 벌

검정꼬리치레개미　　　　　　민냄새개미

곰개미

과 개미를 알 수 있다는 데 놀랐어요. 앞으론 좀 더 다양한 곤충들을 관찰해야겠어요.

영서 어, 이 개미는 색이 좀 달라요. 가운데만 진한 갈색이네요. 애벌레를 열심히 물고 가요.

진욱 혹시 홍가슴개미 아닌가요?

새벽들 어디, 홍가슴개미와 비슷하구나. 보통 홍가슴개미는 가슴과 배 첫째 마디까지 붉은색이고, 가슴만 붉은색을 띠는 건 한국홍가슴개미란다. 일본왕개미와 더불어 우리나라에 사는 개미 중 대형 종에 속하지. 멋진 개미야.

영서 홍가슴개미도 있고, 갈색발왕개미도 있

한국홍가슴개미

결혼 비행을 준비 중인 흰개미 수컷

머리가 큰 흰개미 병정개미

흰개미의 크기를 짐작할 수 있다.

흰개미 병정개미와 일개미

고……. 아하, 저도 색깔이 들어가는 개미 알아요. 바로 바로 흰개미!

새벽들 어쩌지? 흰개미는 개미가 아니란다.

진욱 네? 개미가 아니라고요?

새벽들 개미보다는 바퀴벌레와 가깝지. 개미와는 몸 생김새가 다를 뿐만 아니라 분류도 달라. 벌 무리에 속하는 개미는 허리가 잘록하지만, 흰개미는 바퀴 무리에 속하기 때문에 허리가 잘록하지 않거든. 또 개미는 번데기를 만드는 갖춘탈바꿈을 하고 흰개미는 번데기를 만들지 않는 안갖춘탈바꿈을 해. 둘 다 집단생활을 하는데 흰개미는 여왕과 왕이 있지만 개미들은 여왕이 다스리지. 봄이면 회색 망토 같은 날개를 단 흰개미 수컷들이 무리 지어 결혼 비행을 하는 멋진 광경을 펼친단다. 수컷들 사이에 머리가 큰 흰개미 병정개미도 보이고. 개미와 흰개미는 이름이 비슷해서 같은 집안이라고 생각하기 쉽지만 전혀 다른 집안이란다.

영서 전 같은 개미들인 줄 알았어요. 모르면서 괜히 잘난 척했다가 망신만 당했네요.

새벽들 아냐, 항상 용기 있게 말하는 영서는 참 멋져. 자, 이제 밤도 깊었으니 우리 내려갈까?

누운털개미

아까 벌이 있던 곳 생각나지? 그곳은 피해서 돌아가자꾸나. 조심해서 내려가자.

영서 와, 다 왔다! 조심한다고 얼마나 긴장했는지 등에 땀이 다 맺혔어요. 벌은 몰라도 무섭고, 알아도 무섭네요. 벌과 친해지려면 아직 시간이 더 필요하겠어요.

진욱 개미는 어때? 개미도 벌 집안이잖아. 개미는 귀엽던데. 특히 한국홍가슴개미는 한번 키워 보고 싶어.

영서 역시 호기심 대왕은 못 말려. 네가 좋아하는 개미가 저기도 있다. 가서 봐라. 어, 날개가 있어요! 여왕개미인가요?

새벽들 찾아보면 여왕개미도 있을 거야. 여왕개미는 몸이 크니까 금방 눈에 띄겠지. 어, 모두 날개가 있는걸? 그렇다면 결혼 비행에 참여했던 수개미들이겠군. 가만, 누운털개미로구나.

영서 누운…… 뭐라고요? 이름이 좀…….

새벽들 저 개미의 더듬이 자루마디에 털이 누워서 자란대. 그래서 누운털개미라는 이름을 붙였다는 이야기를 들은 적 있어. 어, 저기 봐라. 저 큰 녀석이 바로 여왕개미란다. 결혼 비행에서 짝짓기에 성공한 여왕개미는 곧 날개를 떼어 버리고 알자리로 찾아들어 알만 낳는다고 알려졌지. 결혼 비행에 참여한 수개미들은 겨울이 되기 전에 서서히 죽어 가고.

자, 이제 정리하자. 벌써 시간이 이렇게 되었구나. 둘 다 집까지 데려다줄게.

진욱 아저씨, 내일은 뭐 하세요?

새벽들 나야 뭐 특별한 일이 없으면 밤 곤충을 관찰할 거야. 왜?

영서 내일도 오려고요, 헤헤. 내일은 학원에 안 가도 되거든요. 진욱이도 그렇고요. 학원 선생님들 휴가예요. 저, 내일 또 와도 되죠?

새벽들 나야 언제나 환영이지, 하하. 자, 그럼 내일 또 볼까? 집으로 출발!

벌이야, 파리야?

짝짓기 중인 파리매

영서 아저씨 연구실은 언제 와도 늘 똑같아요. 청소는 안 하세요?

새벽들 청소? 당연히 하지~~ 않지. 왜, 지저분해 보이니? 그럼 잘됐다. 오늘 영서가 청소 좀 해다오. 아저씨와 진욱이랑은 밤 곤충 보러 갈 테니까.

영서 에이, 맨날 절 그렇게 놀리면 재미있으세요? 청소를 안 하니까 파리와 모기가 꼬이잖아요. 저기 보세요, 벌써 파리들이 꼬이잖아요.

진욱 어디? 어, 쟤는 파리가 아닌데?

영서 파리지, 뭐가 아니야?

새벽들 파린지 아닌지는 물려 보면 알잖아? 파

등화 관찰

리는 물지 못하니까 상관없고, 만약 파리가 아니라 등에라면 엄청 아플걸?

영서 등에요? 등에가 뭐예요? 파리와 달라요?

진욱 등에는 소나 말 등에 붙어서 피를 빨아 먹는 곤충이야. 물리면 엄청 아프다고 했어.

새벽들 진욱이가 등에를 알고 있구나. 등에는 파리 무리에 속하지만 여느 파리처럼 핥아서 먹는 주둥이가 아니라 찔러서 빨아 먹는 주둥이란다. 주로 동물의 피를 빨아 먹고 살지. 애벌레도 육식성이라 지렁이 같은 걸 먹어. 물려 본 사람 이야기로는 아프기보다는 불에 덴 것처럼 뜨겁다고 하더라.

겹눈 사이에 있는 점무늬가 특징이다.

날개에 여러 모양의 흰색 얼룩무늬가 있다.

깨다시등에

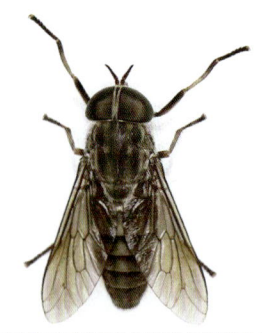

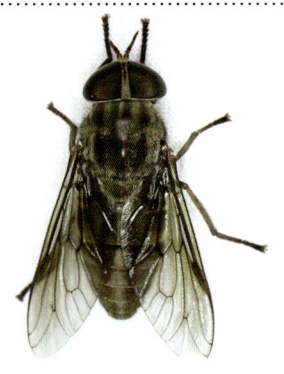

재등에

밤 곤충을 관찰할 때 벌처럼 조심해야 할 녀석이야. 건드리지만 않으면 먼저 물지는 않으니까 크게 걱정하지 않아도 돼. 저 녀석은 몸이 회색이라 재등에라고 하지. 재 알지? 나무가 불에 다 탄 뒤에 남는 것이 보통 회색이거든.

영서 와, 전 파린 줄 알았는데, 큰일 날 뻔했네. 이래서 사람은 알아야 한다니까, 헤헤.

진욱 여기에도 비슷한 등에가 있어요. 날개에 하얀 점들이 많고요.

새벽들 어디? 오, 깨다시등에구나. 몸에 깨를 뿌려 놓은 것처럼 여기저기 무늬가 있어 붙인 이름이지. 이 녀석도 피를 빨아 먹는 등에에 속한단다. 물리면 아프니까 조심해야 해.

영서 그럼, 얘도 등에예요? 색이 연한 노란색이에요.

새벽들 황등에붙이라는 등에야. 이 녀석도 피

황등에붙이

를 빨아 먹지. 만지면 무니까 조심하렴.

영서 왜 이렇게 무서운 곤충만 있죠? 파리 집안은 더럽거나 무섭거나 그렇네요.

새벽들 글쎄, 꼭 그럴까?

진욱 여기 아주 작은 파리가 있어요. 눈이 빨간색이고 몸은 빛나는 초록색이에요. 영서야, 이리 와 봐. 아주 예쁜 파리야. 무섭거나 더럽지 않은.

영서 에이, 그런 파리가 어디 있어? 너, 거짓말이면 알지? 어라, 정말이네. 반짝반짝 보석같이 생겼어. 귀여워라. 얘도 파리예요?

새벽들 동애등에 무리에 속하는 꼬마동애등에라고 하지. 어때, 파리 집안에도 귀엽고 예쁜 애가 있지?

진욱 동애등에라면 음식물 쓰레기를 먹어 치운다는 그 파리죠?

새벽들 맞아. 그래서 동애등에를 자연의 청소부라고 한단다. 동애등에 애벌레가 음식물 쓰레기를 분해하면 질 좋은 퇴비가 된다고 알려져서 사람들이 키우기도 하고 연구도 하고 있지. 꼬마동애등에가 바로 그 동애등에와 같은 집안이야.

영서 그런 고마운 파리도 있어요? 동애등에는 어떻게 생겼어요?

새벽들 옳지, 여기 있구나. 언뜻 보면 까만 파

꼬마동애등에　　　　　　　　　　　　동애등에

리처럼 생겼지? 이 녀석은 입이 퇴화되어 여느 파리들과 달리 물만 먹어 친환경적인 곤충이라고도 해. 지금 여러모로 관심 받는 곤충이지. 동애등에란 이름이 들어간 곤충이 여럿 있는데, 조금만 관심을 기울이면 주변에서 어렵지 않게 관찰할 수 있단다.

영서 악! 아저씨, 저기 대왕모기예요. 빨리 도망쳐요!

새벽들 어디?

영서 이렇게 말할 줄 알았죠? 헤헤. 이제 각다귀쯤은 알아요. 크기로 봐선 장수각다귀 같은데, 맞죠?

새벽들 이제는 아저씨를 놀리기까지 하네, 하하. 맞아, 장수각다귀야. 각다귀는 파리 무리에서 가장 크고 몸과 다리가 길쭉하지. 저 녀석은 각다귀 중에서도 가장 큰 장수각다귀야. 모기처럼 생겼지만 물지 못한다는 건 알지?

진욱 네. 참 모기와 파리는 어떻게 달라요?

새벽들 모기나 파리는 모두 파리목에 속하니까 파리 집안이라고 할 수 있지. 파리 집안 중에서 몸과 다리가 길쭉한 녀석들은 모기 무리이고, 나머지 우리가 아는 파리 모양의 파리들은 파리 무리란다. 그러니까 저 각다귀는 파리 집안의 모기 무리에 속하는 곤충이야. 어때 쉽지?

히라야마동애등에

아메리카동애등에

범동애등에

장수각다귀

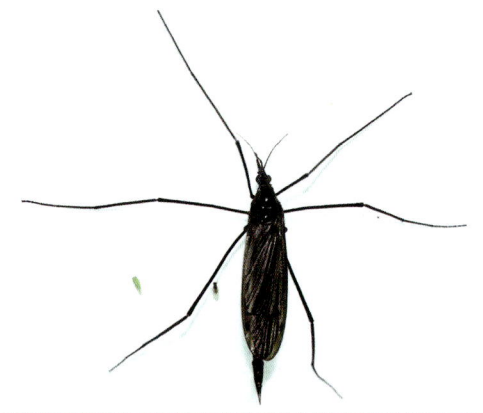

검정날개각다귀

영서 네, 이제부턴 헷갈리지 않겠어요. 그럼 쟤도 모기 집안인 각다귀겠네요.

새벽들 어디? 저기 저 시커먼 녀석? 흠, 검정날개각다귀라는 각다귀구나. 각다귀는 우리 주변에서 자주 보이지만 연구하는 사람이 적어서인지 아직도 자료가 많이 부족해. 그래서 이름 불러 주기가 쉽지 않아.

진욱 여기 나뭇잎에 노란 각다귀도 있어요.

새벽들 황각다귀라고 해. 이름처럼 몸이 노랗거든. 아저씨가 밤 곤충을 관찰할 때마다 여러 종의 각다귀를 만나는데 아까도 말했지만 자료가 부족해서 이름 부르기가 꽤 까다로워. 대표적으로 상제각다귀라는 녀석은, 이름은 있지만 정확하게 어떤 각다귀가 상제각다귀인지 모르겠거든. 이른 봄부터 보여서 궁금하기는 한데 아직도 확실하게 이름표 붙이기가 힘든 녀석이지.

진욱 각다귀 애벌레들은 물속 생활을 하는 수서곤충이죠?

새벽들 모두가 물속 생활을 하는 건 아니지만 지금 본 이 녀석들은 애벌레 때 물속 생활을 하지. 물속 생활을 하다가 이렇게 어른벌레가 되어도 며칠밖에 살지 못한다고 알려졌어. 참, 파리 집안에 속하는 녀석들은 날개가 두 장뿐이란 건 알지? 없는 한 쌍의 날개 대신 평균곤이라는 곤봉 모양의 균형추를 달았는데 날아다닐 때 큰 도움이 된단다. 파리들이 잘 나는 이유가 바로 이 평균곤 때문이거든. 하지만 각다귀들은 평균곤이 있어도 잘 날지 못해. 몸이 너무 커서 그럴 거야.

영서 모든 각다귀 애벌레가 물속 생활을 하는 건 아니라고요? 그럼 땅에 사는 각다귀 애벌레도 있나요?

새벽들 각다귀 애벌레 중에서 육상 생활을 하는 애벌레는 대모각다귀와 밑들이각다귀의 애벌레가 대표적이야.

영서 대모요? 대모잠자리의 그 대모인가요?

상제각다귀로 짐작되는 각다귀

대모각다귀 암컷

대모각다귀 짝짓기 빗살 모양의 더듬이가 수컷이다.

낮에 본 황각다귀

황각다귀 짝짓기

에조각다귀 수컷

에조각다귀 암컷

새벽들 그렇지! 대모잠자리도 그렇고 대모각다귀 날개에 독특한 무늬가 있는데 그 무늬가 대모거북 무늬와 비슷하다고 해서 붙인 이름이라고 해. 하얀색 구더기 모양의 애벌레는 썩은 나무 구멍 같은 약간 축축한 곳에 살지. 어른벌레가 알을 여느 각다귀처럼 물에 낳지 않고 썩은 나무 구멍 속에 낳는 거야. 각다귀 무리라도 이처럼 생활이 다양하니까 더 신기하지 않니? 운이 좋으면 녀석들이 짝짓기 하는 모습을 볼 수도 있어. 자세히 살펴보면 암컷과 수컷 더듬이가 달라. 나방처럼 빗살 모양의 더듬이가 수컷이지.

영서 으~ 쟤는 뭐예요? 무섭게 생겼어요.

진욱 혹시 파리매 아니에요? 파리매가 등불에 모이기도 하네요. 정말 신기해요.

영서 뭐, 파리매?

진욱 응, 파리매. 쟤네들은 날아다니면서 곤충을 사냥하는데 그 모습이 꼭 매 같다고 해서 붙

검정파리매 암컷

광대파리매 수컷

인 이름이래.

새벽들 역시 곤충 박사구나. 맞아, 파리매야. 정확하게는 검정파리매라고 하지. 다리 색이 여느 파리매와 달리 검은색이라 구별이 된단다. 옳지, 그 옆을 봐라. 파리매 한 마리가 더 있지? 다리를 보렴. 검정파리매와는 색이 다를 거야. 저 녀석은 광대파리매라고 해. 모두 파리 집안에서 뛰어난 사냥꾼들이지. 공중에서 먹이를 홱 낚아채는 게 매를 닮았다는 녀석들이야.

영서 어, 다리 색도 다르지만 배 끝도 달라요. 검정파리매는 끝이 뾰족한데 광대파리매는 끝이 약간 뭉뚝해요.

새벽들 오, 예리하구나. 뾰족한 건 암컷이고 뭉툭한 건 수컷이란다.

진욱 어라, 이건 뭐죠? 여기 풀잎에 붙어 있는 거요.

새벽들 파리매 알집이지. 아저씨도 처음엔 뭔지 몰랐는데 우연히 파리매 종류가 알을 낳는 걸 보고 알았단다. 정말 신기하더구나. 파리매 애벌레는 아주 작고 가느다란 구더기 모양으로 생겼어. 알집 표면에 작은 구멍은 애벌레가 부화해서 나간 흔적이지. 구멍이 보이면 빈 알집이야.

파리매 애벌레가 빠져나간 흔적

파리매 알집

알집을 만들고 있는 파리매류

파리매

영서 네? 이게 파리매 알집이라고요? 비슷한 걸 저도 본 적이 있었어요. 산소에 갔을 때 비석에 마치 하얀 껌 같은 게 붙어 있었거든요. 그게 파리매 알집이라니, 신기해요.

새벽들 파리매는 우리 주변에서 쉽게 보이는 곤충이지만 아직 연구가 많이 이루어지지 않았어. 이름도 파리매나 광대파리매, 검정파리매 등 몇 종을 빼면 쉽게 부를 수가 없지. 파리매의 기본종인 파리매는 수컷 배 끝에 하얀 솜뭉치 같은 게 붙어 있는 것이 특징이고, 왕파리매는 눈이 아주 멋진 초록색이지. 검정파리매는 다리가 검은색이고. 그 밖에 광대파리매, 쥐색파리매, 좀파리매, 꼭지파리매, 호랑무늬파리매 등 꽤 많지만 구별이 그리 쉽진 않거든.

진욱 얘는 신기하게 생겼어요. 눈은 파리를 닮았는데 벌처럼 보이기도 해요.

영서 그렇네. 벌이야, 파리야?

새벽들 벌과 파리의 가장 큰 차이점은 날개의 수란다. 벌은 보통 곤충처럼 날개가 4장이지. 파리는 2장이고, 나머지 2장은 평균곤으로 바

검정파리매

광대파리매

왕파리매 　　　　　　　　　　　　　쥐색파리매

호랑무늬파리매 　　　　　　　　꼭지파리매 종류(국명 없음)

뒤영벌파리매

뀌었다고 말한 것 기억하지? 또 하나 차이점은 더듬이 길이란다. 벌은 대체로 더듬이가 길지만 파리는 더듬이가 짧아.

영서 그럼 저 녀석은 흠, 더듬이가 짧은 걸 보니 파리네요. 짧은 더듬이가 꼭 이마에 달린 뿔처럼 보여요.

벌붙이파리

뿔들파리

조잔벌붙이파리

새벽들 오, 제대로 봤구나. 옆에서 보면 더듬이가 뿔처럼 보이고, 녀석이 들파리과에 속해서 뿔들파리라고 한단다. 조금만 관심을 가지면 어렵지 않게 보이는 녀석이야. 몸에 광택이 나고 겹눈 색도 독특해서 파리 집안에서 한 인물 하는 녀석이란다.

또 하나, 신기하게도 벌과 파리의 중간쯤 되는 녀석들도 있어. 파리 무리에 속하는데 언뜻 보면 벌처럼 생겼지. 더듬이 길이는 짧지도 길지도 않고, 벌붙이파리라는 녀석인데, 우리 주변에서 심심찮게 보인단다.

진욱 벌붙이요?

새벽들 응, 벌을 닮은 파리라 붙인 이름이야. 조잔벌붙이파리도 있지. 주로 낮에 활동하는 녀석들이야. 벌붙이파리는 날아다니면서 다른 곤충 몸에 알을 낳는단다. 어때, 신기하지? 알 한쪽 끝이 갈고리처럼 생겨서 다른 곤충 몸에 잘 붙는다는구나. 기생생활을 하는 파리라고 할 수 있지.

영서 얘는 눈이 초록색이에요. 파리도 자세히 보니까 멋지네요. 특히 눈이 멋있어요. 아까 파리 집안을 더럽거나 무섭다고만 한 말, 취소할래요. 파리도 멋있고 예뻐요.

새벽들 영서가 이제 파리의 매력에 서서히 빠져드는 모양인걸? 하하. 그 녀석은 과실파리란다. 과실파리는 우리나라에 90여 종이 산다고 알려졌고, 모양이나 무늬가 아주 다양하지. 주로 자기가 좋아하는 식물에 알을 낳기 때문에 이름이 기주식물에 따라 붙인 게 많아. 호박에 알을 낳으면 호박과실파리, 고들빼기 종류에 알을 낳으면 고들빼기과실파리, 상추에 알을 낳으면 상치과실파리로 말이지. 오늘은 정말 여러 파리들을 만나는구나.

진욱 호박에 알을 낳아요? 그럼 혹시 얘가 호박 속에서 나오는 구더기 엄마예요?

새벽들 맞아. 호박과실파리는 보통 호박이 막 맺히기 시작할 즈음 호박에 알을 낳는단다. 애벌레들은 호박 속을 먹고 자라고. 가끔 벌레 먹은 듯한 호박이나 유난히 가벼워 보이는 호박을 열어 보면 이 녀석의 애벌레들이 가득 들어 있단다.

영서 그럼 이 녀석은 해충이네요.

새벽들 해충이든 익충이든 모두 사람 기준에서 만든 말이란다. 생명이 있는 아이들은 모두 나름대로 존재 이유가 있거든. 사람들이 해충이다 익충이다 하고 갈라놓은 것뿐이지, 생명은 다 소중한 거야. 단지 우리가 잘 모르니까 쉽게 나누어 판단하는 게 아닐까? 모든 생명은 서로

고들빼기과실파리

상치과실파리

호박과실파리

노랑과실파리

관계를 맺으면서 살아가지. 그 관계가 끊어지면 생태계는 건강성을 잃고 말 거야.

영서 아저씨 말씀은 좀 어렵지만, 이제부턴 저도 더럽다거나 징그럽다는 생각은 하지 않을게요. 헤헤.

진욱 여기 있는 이 파리도 과실파리인가요? 날개가 독특해요. 보통 파리보다 좀 길어 보여요.

새벽들 날개파리라는 이름이 들어가는 파리란다. 띠날개파리과에 속하는 녀석도 있고 큰날개파리과에 속하는 녀석도 있구나. 모두 날개에 특징이 있어 붙인 이름들이야. 파리 집안에도 개성이 강한 아이들이 많지?

진욱 네, 전 파리가 이렇게 다양한 줄 몰랐어요. 곤충 세계는 정말 무궁무진해요. 곤충이 너무 많으니까 자신이 없어지려고 해요. 이렇게 많은 곤충들을 다 연구하려면, 휴~ 한숨부터 나오네요.

새벽들 다 하려고 하면 당연히 힘들지. 먼저 네가 좋아하는 곤충부터 시작해 보면 어떨까? 좋아하는 건 신나게 할 수 있잖아. 힘내라, 아자자!

밀가루띠날개파리(띠날개파리과)

네띠날개파리(띠날개파리과)

꼬리꼬마큰날개파리(큰날개파리과)

꼬마큰날개파리(큰날개파리과)

검정큰날개파리(큰날개파리과)

나방파리

영서 얘도 날개파리예요? 날개가 엄청 큰 데다 길쭉하지 않고 동그래요. 어, 날개에 털이 있어요. 이건 나방인데요.

새벽들 나방일까, 파리일까? 그래서 이름도 나방파리란다.

진욱 저도 그 파리 알아요. 시골 화장실에 붙어 있거나 캠핑할 때 샤워장에서도 봤고요.

새벽들 진욱이 말처럼 우리 주변에 자주 보이는 녀석이지.

영서 와, 그 옆에 있는 파리는 엄청 예뻐요. 자세히 보니까 노란색 줄무늬가 아주 멋져요. 세상에, 이런 파리도 있다니! 파리 세계도 정말 무궁무진하네요.

새벽들 어디 보자. 음, 기생파리구나. 노린재에 기생한다고 노린재기생파리라고 하지. 기생파리들은 주로 다른 곤충의 애벌레 몸에 알을 낳거든. 알에서 깨어난 애벌레는 기주 곤충의 애벌레 몸을 파먹고 산다고 알려져 있단다. 이런 특성 때문에 해충 방제 연구자들이 이 기생파리를 이용해 농작물에 해를 주는 곤충을 방제하는 연구를 한다고 하더라. 기생파리들은 생김새가 독특해서 정확한 이름은 몰라도 기생파리 무리에 속하겠구나 짐작은 할 수 있지. 특히 배 윗면의 가시처럼 억센 털이 특징이란다.

영서 흐흐, 진욱아, 이리 와 봐. 여기 엄청 웃기

노린재기생파리

표주박기생파리

뚱보기생파리

털기생파리

게 생긴 파리가 있어. 통통한 배가 하얗고 얼굴이 꿀꿀 돼지처럼 생겼네.

진욱 우~ 내가 보기에는 방독 마스크를 쓴 것 같은데? 헤헤. 웃기게 생겼다.

새벽들 알락파리를 본 모양이구나. 무늬가 알록달록한 녀석들이 많아 알락파리라는 이름을 붙인 무리란다. 방독면을 쓰고 있는 그 녀석은 날개알락파리라고 하지. 낮에도 산에서 보이는 녀석인데 주로 쓰레기 더미나 동물들 배설물에 모이지. 신기한 것은 녀석들의 배가 하얀색이라는 거야. 처음엔 하얀색 알을 품고 다니는 줄 알았다니까. 자주 보이는 녀석들인데 생태가 잘 알려지지 않았어.

오, 여기도 한 마리 있다. 자, 이렇게 손에 올려놓을 테니까 자세히 보렴. 주둥이가 독특하지? 이 녀석은 만주참알락파리라고 해. 그 밖에도 알린콩알락파리처럼 아주 작은 알락파리도

날개알락파리   배설물에 모여 있는 날개알락파리

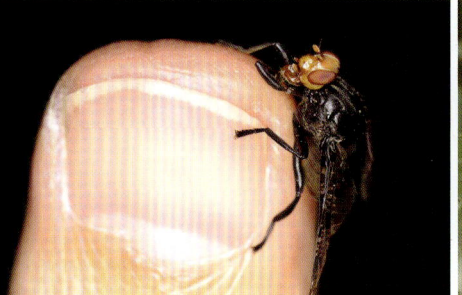

만주참알락파리   광대알락파리

있지.

영서 파리가 이렇게나 많아요? 아무래도 오늘 아저씨네 마당에서 우리나라에 사는 파리란 파리는 모두 보겠는걸요? 신비한 파리들이 정말 많아요. 설마 더 있는 건 아니죠?

진욱 난 더 있을 것 같은데? 본 것보다 안 본 게 항상 더 많은 법이거든.

새벽들 진욱이가 뭔가를 아는구나, 하하. 아저

알린콩알락파리

끝검정콩알락파리

검정띠꽃파리

검털파리 암컷과 수컷 겹눈이 큰 개체가 수컷(왼쪽)이다.

얼룩장다리파리

장다리파리

대모파리

씨도 파리에 대해서는 잘 모르지만, 그저 이름만 아는 파리들만 해도 엄청 많아. 꽃파리, 털파리, 장다리파리, 대모파리도 있고…… 또 낮에 더 잘 보이는 쉬파리, 집파리, 금파리…….

진욱 아, 꽃등에도 파리 집안이죠? 꽃등에만 해도 어마어마하게 많던데.

새벽들 맞아. 꽃등에까지 하면 아마 오늘이 지나도 파리 집안의 녀석들 이름을 다 불러 주지 못할 거야, 하하하.

금파리

푸른등금파리

연두금파리

검정볼기쉬파리

왕털발쉬파리

떠돌이쉬파리

집파리

흰등줄집파리

꽃등에

수중다리꽃등에

우리 주변에서 볼 수 있는 꽃등에들!

애대모꽃등에

스즈키긴꽃등에

왕꽃등에

알통다리꽃등에

물결넓적꽃등에

배짧은꽃등에

호리꽃등에   꼬마꽃등에

니토베대모꽃등에   루리허리꽃등에

덩굴꽃등에   명월넓적꽃등에   검정대모꽃등에

벌붙이꽃등에

노랑배수중다리꽃등에

쌍형꽃등에

좀줄꽃등에

검정넓적꽃등에

검정뒤영꽃등에

얼룩무늬꽃등에

쟈바꽃등에

광붙이꽃등에

요시마쯔깔따구

영서 와, 어마어마해요. 전 그냥 다 파리라고 할래요. 아니, 오늘은 그래도 모기와 파리가 어떻게 다르고, 또 벌과 파리가 어떻게 다른지 알았으니까 벌, 파리, 모기 정도로만 구분할래요. 이상!! 헤헤.

진욱 설마 쟤도 파리 집안?

새벽들 하마터면 빠뜨릴 뻔했구나. 깔따구도 당연히 파리 집안의 식구지. 요시마쯔깔따구라고 한단다.

영서, 진욱 으~ 이제 그만하세요! 파리가 머릿속에서 붕붕거려요.

장다리파리 암컷

장수풍뎅이와 사슴벌레

장수풍뎅이 수컷

영서 아저씨 덕분에 캠핑을 또 하네요. 정말 감사드려요.

진욱 저도요. 지난번에 조금 아쉬웠는데 이렇게 또 오다니, 꿈만 같아요. 그것도 그냥 캠핑이 아니라 곤충 관찰도 같이 하니까 완전 좋아요. 고맙습니다.

새벽들 아저씨도 그래. 너희와 함께 하는 캠핑이라 더 신난다, 하하. 너희 부모님들이 허락해 주시지 않았다면 어림도 없지. 감사하다고 꼭 전해드려.

진욱 오늘도 멋진 곤충을 만났으면 좋겠어요. 이왕이면 멋있는 딱정벌레로요.

새벽들 딱정벌레라……. 어떤 곤충이 가장 보고 싶은데?

등화 관찰

영서 당연히 장수풍뎅이죠. 친구들이 키우는 건 많이 봤는데 산에서는 한 번도 못 봤거든요.

진욱 저도 장수풍뎅이요. 그리고 톱사슴벌레도요. 멋진 아이들을 만났으면 좋겠어요.

새벽들 자, 그럼 너희 희망을 담아서 슬슬 나가 볼까? 진짜 너희 바람대로 멋진 녀석들이 왔을지도 모르니까. 저녁 식사하기 전에 관찰 텐트와 천을 미리 설치해 놓아서 다행이다. 자, 나가 볼까? 텐트 옆과 산 입구에 쳐 놓았으니 오늘은 부지런히 움직이자. 먼저 산으로 가자. 아까 낮에 수액이 흐르는 참나무를 봐 두었는데 거길 먼저 보고 내려오자꾸나. 자, 출발!

영서, 진욱 네!!

영서 이게 무슨 냄새죠? 시큼한 냄새가 나요.

새벽들 바로 참나무 수액 냄새란다. 이 냄새를 따라가 보면 많은 곤충들을 만날 수 있을 거야.

진욱 아저씨, 여기 보세요. 나무 틈에 사슴벌레가 있어요. 여기에요. 빨리 와 보세요.

영서 와, 크다~. 넓적사슴벌레 같은데? 잠깐만, 제가 나뭇가지로 꺼내 볼게요.

진욱 와, 진짜 크다. 넓적사슴벌레 맞네. 정말 멋져요.

새벽들 그렇구나. 넓적사슴벌레는 우리나라 사슴벌레 중 가장 크다고 알려졌지. 그만큼 잘 보이기도 하고. 진욱이가 용케 잘 찾았구나.

영서 저기도 있어요. 사슴벌레를 이렇게 쉽게 보다니. 역시 밤에 다니니까 사슴벌레 같은 아이가 잘 보이네요. 이 시큼한 냄새만 찾아 가면 되겠어요.

새벽들 넓적사슴벌레는 집게처럼 생긴 턱이 아주 멋지지. 집게가 앞으로 나란히 하고 있는 듯이 보이네. 이 녀석은 수액이 흐르는 곳에 있다가 암컷이 오면 짝짓기를 한다고 알려졌으니 이 근처를 잘 찾아보자. 암컷이 있을지도 모르니까.

넓적사슴벌레

넓적사슴벌레 수컷

며느리발톱이 길다.

종아리마디 바깥쪽 돌기가 일정하다.

넓적사슴벌레 암컷

진욱 그 옆에 작은 사슴벌레가 함께 있어요. 암컷과 수컷 같은데. 크기를 보니까 애사슴벌레 같아요.

영서 와, 잘생긴 사슴벌레다. 넓사를 봐서 그런지 작고 귀엽다. 아저씨, 얘들이 애사슴벌레가 맞나요? 암컷과 수컷이 함께 있는 거죠?

새벽들 맞아. 정말 귀여운 녀석들이야. 애사슴벌레는 여느 사슴벌레들보다 작은 편에 속하지. 그래서 이름에 '애'라는 낱말을 붙였단다. 실제로 보면 그리 작은 편은 아니야. 오히려 홍다리사슴벌레나 다우리아사슴벌레가 더 작은 느낌이지. 녀석도 참나무 수액을 좋아해서 수

진욱 여기 암컷 사슴벌레가 있는데 넓적사슴벌레인지는 잘 모르겠어요. 사슴벌레는 암컷 구별하기가 너무 힘들어요.

새벽들 어디 보자. 음, 넓적사슴벌레 암컷이 맞아. 여기 앞다리를 자세히 보렴. 사슴벌레 암컷들은 앞다리에 있는 이 톱니 부분으로 구별한단다. 자세히 보면 조금씩 다를 거야.

애사슴벌레 수컷

애사슴벌레 암컷

액이 흐르는 곳이나 등불에 자주 모인단다.

진욱 따로따로 보니까 크기를 비교하기가 어려워요. 잠깐만요, 제가 같이 놔 볼게요.

영서 와, 그렇게 놓고 보니까 넓사와 애사 크기를 알 수 있겠네.

새벽들 넓사? 애사?

진욱 네, 사슴벌레를 키우는 아이들끼리 부르는 이름이에요. 넓적사슴벌레는 넓사, 애사슴벌레는 애사, 톱사슴벌레는 톱사, 그리고 왕사슴벌레는 왕사로요.

넓적사슴벌레와 애사슴벌레 수컷 크기 비교

새벽들 아하, 그렇게 부르니까 간결해서 좋은데?

진욱 와, 저기 보세요. 톱사예요. 제가 보고 싶어 하던 바로 그 톱사! 정말 멋진 수컷이에요.

영서 우와~ 뿔이 진짜로 멋있어요. 저 휘어진 것 봐. 완전 멋져요. 색깔도 멋있고.

새벽들 그렇구나. 정말 멋진 수컷이야. 특히 뿔이, 정확하게는 큰턱이지만, 정말 멋져. 작은 톱사슴벌레들을 보면 저렇게 멋지게 휘진 않았거든. 게다가 색도 멋져. 톱사는 검은색도 있지만 아저씨는 저렇게 붉은빛이 도는 녀석이 더 멋져 보이더라. 꼭 햇볕에 그을린 건강한 운동선수 같잖아.

진욱 아저씨 말씀을 듣고 보니 건강한 운동선수 같아요, 헤헤.

영서 톱사도 참나무 수액을 좋아하나 봐요, 딱 붙어서 떨어질 생각을 않네요.

진욱 여기도 사슴벌레가 있어요. 어라, 뿔이 좀 작아요. 다우리아사슴벌렌가?

새벽들 그 녀석이 아까 말한 톱사슴벌레 작은 수컷이야. 뿔이 꼭 다우리아사슴벌레처럼 생겼지? 색도 그렇고. 애벌레 시절에 영양이 부족했는지 크게 자라지 못했구나.

영서 그래도 멋져요. 세상에, 톱사를 두 마리나 보다니. 완전 신나요. 어, 비가 와요!

새벽들 그렇네. 갑자기 비라니, 우산도 없는데. 할 수 없다. 일단 내려가자. 아쉽지만 할 수 없지. 지나가는 비라 곧 그칠 것 같긴 한데…….

진욱 아저씨, 저기 보세요. 톱사 암컷과 수컷이에요.

영서 정말이네. 짝짓기 하려는 것 같은데…… 비를 흠뻑 맞았네요.

새벽들 우리도 흠뻑 젖기 전에 어서 서두르자.

영서 여기에 사슴벌레 한 마리가 있어요. 몸이 작은데, 애사슴인가?

진욱 이 녀석이 홍다리야. 잘 봐, 허벅지 부분

톱사슴벌레 수컷

톱사슴벌레 작은 수컷

낮에 본 **톱사슴벌레** 큰턱이 멋지게 휘었다.

비를 맞은 **톱사슴벌레** 암컷과 수컷

이 붉은 갈색이잖아.

새벽들 그렇구나. 홍다리사슴벌레 수컷이네. 녀석의 다리를 제대로 보려면 뒤집어야 해. 녀석에게는 미안하지만, 아저씨가 살짝 뒤집어 볼게.

영서 와, 정말 다리가 붉은색이네요. 그래서 홍다리사슴벌레라고 하는군요. 애도 멋져요. 등도 매끄럽고, 다른 사슴벌레보다 예쁘게 생겼어요. 암컷에게 잘 보이려고 잔뜩 멋을 부렸나 봐요. 홍사는 멋쟁이예요.

진욱 왜 쟤는 수액에 있지 않고 바닥에 있죠? 홍사도 참나무 수액을 좋아하잖아요?

새벽들 아저씨가 알기로는 넓적사슴벌레나 애사슴벌레와 달리 홍다리사슴벌레는 참나무 수

홍다리사슴벌레

액에 잘 모이지 않아. 아저씨는 주로 버드나무 수액에 모인 것을 봤거든. 이 녀석들은 버드나무 수액을 좋아하는 듯해.

영서 비가 그쳤어요! 우리 다시 산으로 가요.

새벽들 다행히 비는 그쳤지만 어떻게 변할지 모르니까 오늘은 이만 내려가자. 아래 설치한 등불도 둘러봐야 하거든. 여기서 며칠 있을 테니까 내일 또 오자.

영서 그래도 사슴벌레 더 보고 싶은데……. 어, 진욱아, 뭐 해? 아저씨, 저기로 가 봐요. 우리 호기심 대왕이 또 뭔가 찾았나 봐요.

새벽들 그럴까? 우리, 저기만 가 보고 내려가는 거다.

진욱 쉿! 영서야, 저기 봐, 저기 나무에 뭐가 있는지. 그 뒤쪽에도.

영서 꺅, 장풍이다. 만세!

진욱 쉿! 지금 저 녀석이 암컷을 찾는 것 같아. 운 좋으면 우리 암컷과 수컷 다 볼 수 있을 거야. 뒤쪽 나무에 한 마리가 있는데 더 커. 둘이 색이 좀 달라 보이네. 그지?

영서 그렇네. 와, 장풍이를 두 마리나 보다니! 그것도 동시에~. 완전 행복해. 내 소원이 이루어지는 순간이로다.

새벽들 녀석들, 그렇게 좋으냐?

영서 그럼요. 제가 얼마나 보고 싶어 했다고요. 저 당당한 모습 좀 보세요. 장군 같지 않나요? 저렇게 멋진 곤충이 있다니, 믿겨지지 않을 정

장수풍뎅이 수컷

도예요. 친구들이 키우는 아이랑 확실히 달라요. 한마디로 자연에서 진짜 장수풍뎅이를 만났어요!

진욱 저도 장풍이는 여러 번 키웠는데 이렇게 자연에서 보는 건 처음이에요. 영서가 왜 흥분하는지 이해돼요. 아저씬 이런 마음 모르시죠?

새벽들 왜 모르겠니? 아저씨도 장풍이를 키워 봤는데. 날개돋이 하는 모습은 그야말로 환상적이지. 서서히 바뀌는 등딱지 색깔은 신비롭기까지 하고.

영서 아저씨도 키워 보셨다고요? 에이, 뺑!

진욱 거짓말인지 아닌지 알아보는 방법이 있긴 한데……. 제가 한번 문제를 내 볼까요?

새벽들 요 녀석들이……. 음, 좋아!

장수풍뎅이 성장 과정

진욱 장풍이는 번데기 방을 어떻게 만들까요? 가로일까요, 세로일까요?

영서 오호, 요런 건 키워 본 사람만 알지, 후후.

새벽들 와, 요 녀석들이 아저씨를 완전 무시하네. 당연히 세로지. 번데기 방을 세로로 만들어야 땅속에서 나오기가 편하거든. 그것도 모를까 봐? 아저씨 완전 삐쳤다. 먼저 갈란다.

영서 같이 가요, 아저씨~.

진욱 네, 같이 가요. 저희가 잘못했어요.

새벽들 왁~!

영서 어마, 깜짝이야. 그렇게 숨어 있다가 갑자기 나타나면 어떡해요! 깜짝 놀랐잖아요.

진욱 저도요, 깜짝 놀랐어요. 아저씨, 여기서 뭐 하세요? 먼저 내려가신다더니.

새벽들 너희가 괘씸해서 그냥 내려가려다가 기다렸어. 잘생긴 내가 참아야지, 하하. 저기 봐라. 사실은 저 녀석을 보여주려고 기다렸지.

진욱 뭔데요? 어, 저건…… 혹시 외뿔이?

영서 뭐, 외뿔이라고? 와, 어디?

새벽들 외뿔장수풍뎅이를 외뿔이라고 부르니?

영서 네, 쟤도 정말 보고 싶었어요. 고마워요, 아저씨.

진욱 영서야, 이것 봐. 진짜로 가슴이 움푹 파였어. 그지?

영서 진짜네. 아저씨, 외뿔이가 진짜로 가슴이

움푹 파였어요! 정말로 그런지 보고 싶었거든요. 책에서 보다가 지금 실제로 보니까 확실해졌어요.

새벽들 아저씨도 처음에 저 녀석을 봤을 때 사슴벌레도, 장수풍뎅이도 아니고 해서 이름 부르기가 힘들었어. 너희 말대로 가슴이 움푹 파인 것을 보고는 아하, 무릎을 쳤던 기억이 있지. 맞아, 외뿔장수풍뎅이는 가슴이 움푹 파인 것이 특징이지. 저 부분으로 암수를 구별하기도 해. 정확하게 앞가슴 등판의 움푹 파인 부분이 넓으면 수컷이고, 좁고 길면 암컷이란다. 물론 뿔 크기도 다르지. 암컷 뿔이 더 작거든. 수컷도 장수풍뎅이 뿔처럼 길진 않지만 암컷과 구별할 만큼은 길고 크단다. 뿔이 작은 걸 보니 저 녀석은 암컷이야.

진욱 키우는 아이들 말로는 쟤는 육식을 한다는데, 정말 그런가요?

새벽들 그래. 장수풍뎅이와 달리 저 녀석들은 육식성이란다. 지렁이 같은 걸 아주 좋아한다고 하더라. 하지만 수액도 먹고 너희가 곤충 키울 때 주는 곤충 젤리도 먹어. 육식성 풍뎅이인 건 맞아.

영서 와, 여긴 사슴벌레 풍년이에요. 등불에 엄청 모였어요. 넓사도 있고, 애사도 있고, 뿔사도 있어요. 어, 얘 혹시 다우리아 아니에요? 진욱아, 이리 와봐. 여기 다우리아가 있어.

진욱 와, 진짜 다우리아다!

외뿔장수풍뎅이 수컷

외뿔장수풍뎅이 암컷

다우리아사슴벌레 수컷

다우리아사슴벌레 암컷

새벽들 녀석들, 사슴벌레에 대해선 완전 박사네. 아저씨보다 낫다, 하하.

영서 너무너무 예뻐요. 그런데 이름이 무슨 외국 곤충 이름처럼 요상해요.

새벽들 아저씨도 처음에 이름을 들었을 때 외국 곤충이 아닌가 했어. 우리나라 이름을 지을 때 학명에 있는 다우리쿠스(dauricus)를 그냥 따와 붙인 거란다. 다우리는 러시아에 있는 지역 이름이라 하고. 이름도 그렇지만 색깔이나 생김새가 외국 곤충처럼 생기지 않았니? 크기는 작지만 아주 아름다운 사슴벌레란다. 수컷 큰턱이 끝에서 둘로 갈라진 모습이 독특하지. 개체마다 약간 차이가 있어 언뜻 톱사슴벌레 작은 수컷처럼 보이기도 해서 세심하게 관찰해야 해. 여러 수컷들을 비교해 보면 그 특징을 이해할 수 있을 거야. 자, 이렇게 나뭇잎에 올려놓고 관찰하면 금방 알 수 있어.

진욱 여기 암컷도 있어요. 뿔이 정말 작네요. 수컷만큼이나 귀여워요.

영서 여기에 암컷과 수컷이 함께 있어요. 에구구, 귀여워라. 어, 색이 좀 다르네?

새벽들 어디? 수컷은 다우리아인데, 암컷은 홍다리사슴벌레구나. 자, 보렴. 다리에 붉은색이 보이지? 이렇게 보니 크기를 비교할 수 있어 좋은걸?

진욱 여기 홍다리사슴벌레 암컷이 있어요. 수컷도 있고요. 확실히 다우리아사슴벌레와 다르

다우리아사슴벌레 수컷과 홍다리사슴벌레 암컷

네요. 다리가 정말 붉어요. 뒤집어서 보니까 더 선명해요.

영서 여기 있는 작은 건 홍다리 수컷이고…… 그 옆에 있는 건……. 진욱아, 이리 와 봐. 이건 뭐야? 여기 큰 사슴벌레 말이야.

진욱 어디? 사슴벌레 수컷이야. 잘 봐, 뿔과 머리가 지금까지 본 사슴벌레와는 달라. 쟤가 바로 그냥 사슴벌레야.

영서 신기하다. 크기 차이가 많이 나는구나. 사슴벌레가 꽤 큰데?

새벽들 얘들아, 여기에 사슴벌레가 많구나. 수

홍다리사슴벌레 암컷

홍다리사슴벌레 수컷

컷과 암컷이 함께 있으니 비교해서 보면 그 차이점을 알 수 있을 거야. 특히 암컷 앞다리의 톱니 모양을 보렴. 확실히 여느 사슴벌레 암컷들과 차이가 나지? 톱니 모양이 훨씬 크고 날카롭단다.

진욱 여기에도 사슴벌레 암컷이 있는데 정확하게 이름은 잘 모르겠어요. 사슴벌레 암컷은 구별하기가 너무 어려워요.

새벽들 톱사슴벌레 암컷이구나. 잘 보면 앞다리의 톱니 모양이 둥글 거야. 여느 사슴벌레 암컷들과 달리 톱니 하나하나가 날카롭지 않고 둥글단다. 돌기가 아주 크고 날카로운 사슴벌

사슴벌레 수컷과 홍다리사슴벌레 수컷 비교

사슴벌레 암컷

사슴벌레 수컷

등불에 모인 사슴벌레 암컷과 수컷

레 암컷이나 돌기가 거의 없는 애사슴벌레 암컷과 확실하게 구별되는 점이지.

영서 진욱아, 빨리 와 봐. 네가 좋아하는 톱사

가 두 마리나 있어. 뿔 모양이 달라서 함께 보면 좋겠다~.

진욱 와, 정말이네. 두 마리가 너무 다르게 생

종아리마디 바깥쪽
돌기가 둥글다.

톱사슴벌레 암컷

톱사슴벌레 수컷

겨서 같은 사슴벌레인 줄 모르겠다. 신기하네.

영서 아저씨, 얘는 애사슴벌레 암컷인가요? 앞다리 톱니 모양이 작고 특별히 큰 게 보이진 않네요.

새벽들 그래, 애사슴벌레 암컷이야. 자, 손에 올려놓고 보면 영서 말대로 앞다리에 특별히 큰 톱니 모양이 없는 걸 확인할 수 있어. 마침 수컷도 함께 있구나. 둘이 같이 있으니까 보기 좋네. 오늘은 유난히 애사슴벌레가 많이 왔어. 관찰 천에도 보이고 바닥에도 보이고……. 예쁜 녀석들이야.

진욱 야, 영서야, 여기 장풍이가 왔어. 엄청 커.

애사슴벌레 암컷과 수컷

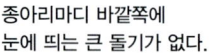

종아리마디 바깥쪽에 눈에 띄는 큰 돌기가 없다.

애사슴벌레 암컷

애사슴벌레 수컷

원표애보라사슴벌레

장수풍뎅이 수컷

멋있는 수컷이야. 빨리 와.

영서 어디? 와, 진짜 멋있다. 혹시 아까 산에서 본 개 아니야? 우리가 좋아서 따라온 것 아닐까? 우와, 반갑다. 헤헤.

새벽들 어디 보자. 오, 정말 크구나. 가만있어 보자, 아저씨 손에 올려놔 볼게. 자, 어때? 이제 잘 보이지? 엄청 크네. 멋있어.

진욱 어, 혹시 쟤 암컷 아니에요? 장풍이 암컷 같아요. 저기 텐트에요. 수컷만큼이나 커요.

영서 와, 정말이네. 암컷도 보다니. 오늘은 완전 기분 좋은 날이다. 내가 좋아하는 장풍이 암컷과 수컷을 다 봤으니까, 헤헤.

새벽들 암컷이 맞구나. 정말로 수컷만큼이나 크다. 예전에 넓적사슴벌레 암컷과 장수풍뎅이 암컷의 크기를 비교해 보았는데, 사슴벌레 중에서 가장 크다는 넓사도 장풍이보다 작더구나. 옆에 있으니까 엄마와 아이 같았지.

진욱 장풍이 수컷이 사슴벌레 수컷보다 얼마나 큰지 비교해 보고 싶어요. 여기 함께 놔 볼게요.

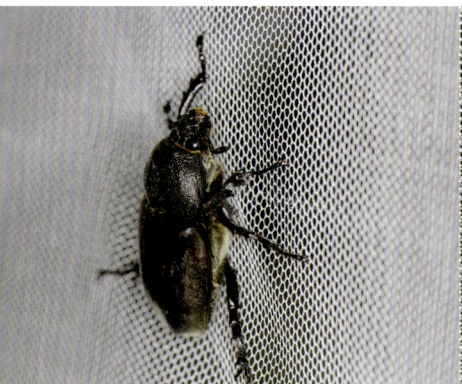

장수풍뎅이 암컷

영서 와, 정말 크네. 뿔사는 비교가 안 되는구나. 뿔사도 사슴벌레 중에 그래도 큰 편인데 장풍이 옆에 있으니까 완전히 애네.

새벽들 진짜 그렇구나. 크기 차이가 많이 나는걸? 크기는 달라도 모두가 멋지다, 하하.

진욱 그래요, 완전 멋있어요.

영서 오늘은 정말 행복한 날이에요. 내일도 이렇게 멋진 아이들을 만났으면 좋겠어요, 헤헤.

새벽들 나도 그렇단다, 하하하. 참, 너흰 장수풍뎅이와 사슴벌레 애벌레를 구별할 수 있니? 아저씨는 잘 모르겠던데.

영서 그것도 몰라요? 장수풍뎅이 애벌레는 머

장수풍뎅이 암컷과 넓적사슴벌레 암컷 비교

장수풍뎅이 수컷과 톱사슴벌레 수컷 비교

사슴벌레 애벌레 머리가 갈색이다.

장수풍뎅이 애벌레 머리가 검은색에 가깝다.

리가 검은색!

진욱 사슴벌레 애벌레는 머리가 갈색! 이것만 알면 돼요, 헤헤.

새벽들 아하, 그렇게 다르구나. 너희와 있으니 한번에 해결되다니! 어떻게 그리 쉽게 외우니?

진욱 우리만의 비법이 있어요.

영서 이름 하여 사.갈.장.검!

새벽들 뭐, 사갈장검? 꼭 사자성어 같다.

영서 사슴벌레 애벌레 머리는 갈색이요~

진욱 장수풍뎅이 애벌레 머리는 검은색이라~

새벽들 뭐라고? 하하하. 그래서 사갈장검! 아주 똑부러지네, 하하하. 자, 오늘은 이만 정리하자. 내일도 신나는 밤 곤충 탐사를 해야지.

진욱 네, 잘 알겠습니다! 오늘 장풍이와 사슴이를 많이 만나서 너무 좋아요, 헤헤.

영서 저도요. 오늘은 애들이 꿈에 나올 것 같아요, 헤헤. 아저씨도 늦게까지 계시지 마세요. 안녕히 주무세요.

새벽들 그래, 잘 자라. 꼭 딱정이들 꿈꾸고, 하하하.

'새벽들 아저씨와 떠나는 밤 곤충 관찰 여행'은 계속 이어집니다.

장수풍뎅이와 사슴벌레

장수풍뎅이 암수

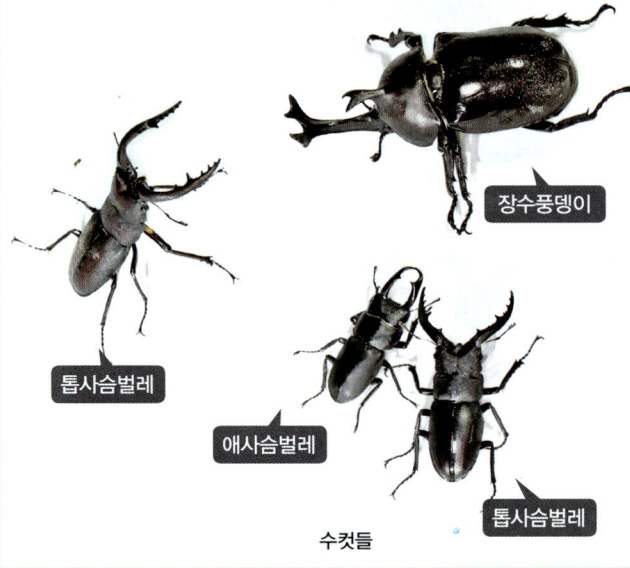

수컷들

장수풍뎅이 암컷

사슴벌레 수컷
장수풍뎅이 수컷

넓적사슴벌레 짝짓기

톱사슴벌레와 사슴벌레 수컷

톱사슴벌레 수컷

톱사슴벌레 짝짓기

찾아보기

글에서 찾아보기 쪽수는 검은색으로, 사진에서 찾아보기 쪽수는 초록색으로 구분했어요.

ㄱ

가는실잠자리 61
가는조롱박먼지벌레 89
가는좀뱀잠자리 75
가문비거품벌레 36
가시개미 135
갈색날개매미충 42, 43, 44
갈색발왕개미 136
갈색여치 83
개나리잎벌 123
개미벌 130
거무튀튀꼬리납작맵시벌 119
검은물잠자리 58
검정거품벌레 36
검정꼬리치레개미 138, 139
검정날개각다귀 148
검정넓적꽃등에 166
검정대모꽃등에 165
검정뒤영꽃등에 166
검정띠꽃파리 161
검정말벌 96, 97, 115
검정맵시벌 120
검정볼기쉬파리 162
검정큰날개파리 158
검정파리매 151, 152, 153
검털파리 161
고들빼기과실파리 156

고려버들머리매미충 45
고추좀잠자리 54
곰개미 138, 139
광대알락파리 160
광대파리매 151, 152, 153
광붙이꽃등에 166
구리꼬마꽃벌 133
구리수중다리잎벌 126
구주개미벌 131
구주목대장송곳벌 127
굼벵이벌 130
귀매미 44, 47
극동등에잎벌 126
극동혹개미 136, 137
금강산귀매미 47
금파리 162
긴꼬리 82
긴꼬리뾰족맵시벌 120
긴꼬리쌕쌔기 82
긴날개여치 78
깃동상투벌레 51
깃동잠자리 54
깨다시등에 144
깽깽매미 22
꼬리꼬마큰날개파리 158
꼬마꽃등에 165
꼬마동애등에 145

꼬마상제머리매미충 46
꼬마장수말벌 113
꼬마큰날개파리 158
꼭지매미충 45
꼭지파리매 152, 154
꽃등에 162, 163
꽃매미 34, 35
꽃파리 162
끝검은말매미충 39
끝검정콩알락파리 161
끝동매미충 45
끝루리등에잎벌 124
끝빨간긴날개멸구 50

ㄴ

나나니 107, 108
나방파리 158
날개띠좀잠자리 55
날개알락파리 160
남방점긴날개멸구 49
남쪽날개매미충 44
넉점박이잠자리 56
넓적사슴벌레 170, 172, 184, 187, 188
네가시알락꽃벌 133
네띠날개파리 157
네줄박이장삼벌레 51
노란뱀잠자리 75
노랑과실파리 156
노랑띠뭉툭맵시벌 119
노랑무늬거품벌레 38

노랑배수중다리꽃등에 166
노랑뿔잠자리 69, 70
노랑얼룩거품벌레 36
노린재기생파리 158, 159
누런발목맵시벌 119
누운털개미 141
늦털매미 17, 18, 19, 28, 29, 30
니토베대모꽃등에 165

ㄷ

다우리아사슴벌레 178, 179, 187
단색자루맵시벌 107, 121
당홍맵시벌 119
대만어리코벌 91, 92
대모각다귀 148, 149, 150
대모벌 130
대모파리 161, 162
덩굴꽃등에 165
동굴뿔매미 38
동애등에 145
동양화장뭉툭맵시벌 120
동해긴날개멸구 50
된장잠자리 62
두눈박이쌍살벌 130
두색맵시벌 119
두점박이좀잠자리 55
둥근머리각시매미충 46
뒤영벌파리매 154
등빨간갈고리벌 129
등줄버들머리매미충 46

땅딸보메뚜기 92
땅벌 105
떠돌이쉬파리 163
뚱보기생파리 159

ㄹ

루리번데기잎벌 124
루리알락꽃벌 133
루리허리꽃등에 165

ㅁ

마쓰무라맵시벌 119
마쓰무라자루맵시벌 107
만주참알락파리 160
말매미 13, 22, 23, 24, 25, 85, 86
말매미충 40
말벌 96, 130
말총벌 127, 128
맵시방패멸구 50
맵시벌류 118
먹줄왕잠자리 58
명월넓적꽃등에 165
명주잠자리 62, 63
모시보날개풀잠자리 65, 66
몸노랑풀잠자리 68, 69
묵은실잠자리 60, 61
물결넓적꽃등에 164
미국선녀벌레 40, 41
민냄새개미 138, 139
밀가루띠날개파리 157

밀잠자리 58
밑노랑뭉툭맵시벌 120
밑들이각다귀 148

ㅂ

발톱메뚜기 80
방아깨비 81
배벌 130
배수중다리잎벌 126
배짧은꽃등에 164
뱀잠자리 71, 74
뱀허물쌍살벌 115, 116
버금그물눈매미충 46
버들장삼벌레 51
벌붙이꽃등에 166
벌붙이파리 155
범동애등에 146
별쌍살벌 130
붉은머리어리목대장송곳벌 127
뿔들파리 155
뿔잠자리 68, 69, 70

##

사마귀붙이 73, 74
사슴벌레 179, 180, 186~189
상제각다귀 148, 149
상치과실파리 156
상투벌레 50, 51
새각시매미충 45
서양꿀벌 103

설악거품벌레 37
설악상제머리매미충 46
소요산매미 18, 19, 20, 21
수중다리꽃등에 163
쉬파리 162
스즈키긴꽃등에 164
신부날개매미충 43, 44
쌍살벌 130
쌍형꽃등에 166
쌕쌔기 82
쓰름매미 15, 28

아메리카동애등에 146
아시아실잠자리 60
알락긴날개멸구 49
알린콩알락파리 160, 161
알통다리꽃등에 164
애기뿔소똥구리 90, 91
애대모꽃등에 164
애매미 15, 16, 22, 31
애배벌 131
애사마귀붙이 71, 72, 73
애사슴벌레 171, 172, 182, 186
애알락명주잠자리 63, 65
애호리병벌 131
어리곤봉자루맵시벌 120
어리별쌍살벌 130
어리상수리혹벌 129
어리송충살이납작맵시벌 120

어리알락맵시벌 110
어리줄배벌 131
어리줄풀잠자리 68
어리호박벌 132
얼룩명주잠자리 65
얼룩무늬꽃등에 166
얼룩뱀잠자리 75
얼룩장다리파리 161
에조각다귀 150
연고동자루맵시벌 120
연두금파리 162
왕꽃등에 164
왕맵시벌 120
왕무늬대모벌 131
왕바다리(쌍살벌) 106, 110~112
왕버들각시매미충 45
왕잠자리 58
왕털발쉬파리 162
왕파리매 152, 154
왜무잎벌 126
외뿔장수풍뎅이 176, 177
요시마쯔깔따구 167
우수리뒤영벌 132
원표애보라사슴벌레 183
유지매미 15, 25, 27, 30, 31
이토왕개미 136
일본광채꽃벌 133
일본날개매미충 44
일본왕개미 135
일본큰모무늬매미충 46

ㅈ

잣나무납작잎벌 126
장다리파리 161, 162, 167
장미가위벌 132
장미등에잎벌 126
장수각다귀 146, 147
장수말벌 112, 113
장수풍뎅이 175, 183, 186, 188
재등에 144
재래꿀벌 102
쟈바꽃등에 166
정숙머리멸구 49
제비말매미충 40
조선잎벌 126
조잔벌붙이파리 155
좀검정잎벌 124
좀뒤영벌 132
좀말벌 100, 101, 113, 114
좀줄꽃등에 166
좀파리매 152
주름개미 138, 139
주홍긴날개멸구 48
줄뭉툭맵시벌 107, 120
줄육니청벌 134
줄친말매미충 46
중국고치벌 127
쥐머리거품벌레 36
쥐색파리매 152, 154
지리산말매미충 40
집파리 162, 163

ㅊ

참깽깽매미 12, 28, 29, 31
참땅벌 103, 104, 105
참매미 15, 16, 17, 27, 30, 31, 85, 86
참실잠자리 60, 61
청띠꼬마꽃벌 133
청벌류 134
청송각시매미충 46

ㅋ

큰밀잠자리 58
큰뱀허물쌍살벌 117
큰조롱박먼지벌레 89
큰청실잠자리 61

ㅌ

털기생파리 160
털매미 18, 19
털보말벌 97, 114
털보애꽃벌 133
털왕개미 136
털파리 162
톱사슴벌레 173, 181, 184, 186, 187, 189
투명날개단풍뾰족매미충 46

ㅍ

파리매 150, 152
팥중이 87
표주박기생파리 159
푸른등금파리 162
풀무치 87, 88

풀잠자리류 67, 68
풍이 91

한국홍가슴개미 139
해변메뚜기 81
현무잎벌류 124
호랑무늬파리매 152, 154
호리꽃등에 165
호리병벌 130, 131
호박과실파리 156
호박벌 133
홍가슴루리등에잎벌 109, 125
홍다리사슴벌레 174, 179, 187
홍도황나매미충 46
홍배꼬마꽃벌 133
홍허리잎벌 125

황각다귀 148, 149
황갈무리잎벌 123
황갈테두리잎벌 126
황등에붙이 144, 145
황말벌 97
황종아리검정잎벌 109
흑색패인왕개미 136
희조꽃매미 33, 34
흰개미 140
흰등멸구 49
흰등줄집파리 163
흰띠풀잠자리 68
흰얼굴좀잠자리 58
흰입술무잎벌 110
흰줄박이맵시벌 120
히라야마동애등에 146

참고한 자료

책

김선주·송재형 글과 사진, 《한국 매미 생태도감》, 자연과생태, 2017

김성수, 《나비, 나비》, 교학사, 2003

김성수·서영호, 《한국나비생태도감》, 사계절, 2011

김용식, 《원색 한국나비도감》, 교학사, 2002

김정환, 《한국 곤충기》, 진선, 2008

김정환, 《한국의 딱정벌레》, 교학사, 2001

김태우, 《메뚜기 생태도감》, 지오북, 2013

동민수, 《한국 개미》, 자연과생태, 2017

박규택 외, 《한국곤충대도감》, 지오북, 2012

박해철, 《딱정벌레》, 다른세상, 2006

백문기, 《한국밤곤충도감》, 자연과생태, 2012

백문기, 《화살표곤충도감》, 자연과생태, 2016

손재천, 《주머니 속 애벌레도감》, 황소걸음, 2006

신유항, 《원색 한국나방도감》, 아카데미서적, 2007

아서 브이 에번스·찰스 엘 벨러미 지음, 리사 찰스 왓슨 사진, 윤소영 옮김, 《딱정벌레의 세계》, 까치, 2002

안수정·김원근·김상수·박정규, 《한국 육서노린재》, 자연과생태, 2018

안승락, 《잎벌레 세계》, 자연과생태, 2013

이강운, 《캐터필러 1》, 도서출판 홀로세, 2016

이영준, 《우리 매미 탐구》, 지오북, 2005

임권일, 《곤충은 왜?》, 지성사, 2017

자연과생태 편집부, 《곤충 개념도감》, 필통속 자연과생태, 2009

장현규·이승현·최웅, 《하늘소 생태도감》, 지오북, 2015

정계준, 《야생벌의 세계》, 경상대학교출판부, 2018

정계준, 《한국의 말벌》, 경상대학교출판부, 2016

정광수, 《한국의 잠자리 생태도감》, 일공육사, 2007

정부희, 《버섯살이 곤충의 사생활》, 지성사, 2012

최순규·박지환, 《나의 첫 생태도감 동물편》, 지성사, 2016

허운홍, 《나방애벌레도감 1》, 자연과생태, 2012

허운홍, 《나방애벌레도감 2》, 자연과생태, 2016

사이트

곤충나라 식물나라 https://cafe.naver.com/lovessym

국가생물종정보시스템 http://www.nature.go.kr/

한반도생물자원포털 https://species.nibr.go.kr/